◆ 不思議な「心」のメカニズムが一目でわかる ◆

高校生の発達障害

監修
佐々木正美 児童精神科医
梅永雄二 早稲田大学教育・総合科学学術院教授

kokoro library
こころライブラリー イラスト版

講談社

まえがき

発達障害スペクトラムの人にとって高校時代は、しばしば大きな荒波に出合う航海となります。そしてその克服は、当事者の努力によるものよりも、保護者、教師、友人など周囲の理解と協力によるところが、はるかに大きいのです。

そのことは、本書を手にしてくださった人たちには理解していただけると思います。私たち二人の監修者は、ＴＥＡＣＣＨ《ティーチ》プログラムの共感者であり、専門家です。ＴＥＡＣＣＨは発達障害の人への教育を、単純にＩＱ（知能指数）にあわせるのではなく、あくまで発達障害の特性にあわせることを強調します。ＩＱが正常水準だから、教育のすべてが通常学級でよいという、単純で乱暴なものであってはならないのです。生徒一人ひとりにあわせた、個別的で専門的な配慮が行き届いていなくてはなりません。

高校生になると誰もが、自分の将来への夢や希望を抱くのがふつうです。そのためには、前提としての自己認識が必要です。発達障害という、ともすれば否定的な認識になりがちなアイデンティティを、豊かな肯定的特性をもったものに塗り替えていかなければなりません。

発達障害の特性をもった人は、平均的な人に比べて、優れているところと弱点をあわせもっています。その優れた部分を伸ばすことが重要です。劣っている部分をなくす努力を、しすぎないことが大切です。優れた特性は、努力によって発展しますが、苦手な部分は、多少の努力ではどうにもならないものです。それを周囲に理解してもらい、成果があがりにくいことへの努力や苦労をしないように、心がけてください。

平素から家族、先生、友人たちと、自分の特性について話しあい、理解や協力が得られていれば、最高に安らいで、成果があがる高校時代をすごすことができるでしょう。そのためには、自分の発達障害という特性について、まず自分でよく知ることが大切です。人より優れたところ、苦手で劣っているところを平素から心得ておくと、学習も生活もしやすくなります。

私たちは、なにもかも劣っているような印象をもつ「障害」という呼び名を好みません。広汎な領域で、発達に不均衡があるというふうに理解して、優れた特性を大切にしていくためのアイデンティティをしっかりもってください。

児童精神科医
佐々木正美

早稲田大学教育・総合科学学術院教授
梅永雄二

高校生の発達障害 もくじ

2 安心感を重視して高校を選ぶ　27

3 入学前後の支援で緊張感をほぐす 45

4 肯定感がもてることを高校で探す 63

5 進学するか、社会で働くか

特別支援教育の広がり

中学校卒業後も、必要な支援は受ける！

発達障害がある子をサポートする特別支援教育が、高校や大学にも広がりつつあります。本人にあった高校を選び、適切な支援を求めれば、充実した高校生活を送れます。

小・中学校から支援を受けていた場合

小学校：通級・特別支援学級・特別支援学校

就学前に発達障害に気づいた場合や、学校生活で悩みが生じ、発達障害がわかった場合は、通級などを利用して支援を受けはじめている。中学校でも同様の支援を受ける。

中学校：通級・特別支援学級・特別支援学校

通級と特別支援学級があるのは中学まで。それらを利用していた生徒は中学卒業後、特別支援学校に入るか、一般校などで支援を求めるか、どちらかに。特別支援学校の生徒は、そのまま高等部に進学する場合が多い。

充実した学校生活を送ることが最優先。そのために支援を受ける

高校の選び方

支援を受けている場合はそれが継続できる進路へ。通常学級在籍で、支援の必要性を感じはじめた場合は、一般校以外の可能性を考慮しながら本人と相談する（2章P28～）

小学校：通常学級

発達障害がある子のなかには、支援を受けずに学校生活を送っている子もいる。学び方を自分で工夫したり、保護者のサポートを得たりしていて、生活上の困難がない場合、発達障害に気づかない。

中学校：通常学級

学習内容が難しくなり、対人関係が複雑になって、発達障害特性による困難が生じるように。本人や保護者、学校の努力や工夫で、困難を克服している。その過程で発達障害に気づく場合がある。

小・中学校では気づいていなかった場合

高校の種類

全日制の高校、特別支援学校のほかに、通信制や定時制、地域独自のとりくみもある。選択肢は広がっている(2章P34～)

特別支援学校の高等部

発達障害への専門的な支援が受けられる。卒業後に就労をめざす生徒もいて、授業にも就労のための課題がある。学校によって特色があり、詳細は見学や相談をしないとわからない。

通信制や定時制、チャレンジスクールなど

勉強面や生活面で、比較的柔軟な対応が受けられる。不登校や学業不振への支援を重点的におこなっているところが多い。発達障害支援にとりくんでいる学校も。地域での評判などを聞き、選択肢にするとよい。

全日制の一般校

いわゆる一般校では、特別支援教育ははじまったばかり。保護者と学校側が密にコミュニケーションをとることで、ある程度の支援は受けられる。入学前に学校側の支援態勢を確認したほうがよい。

相談窓口

入学前から相談に応じる高校が増えている。窓口は特別支援コーディネーターや校長、教頭など(3章P48～)

高校があわなかった場合には、他校に転入して、より適切な支援を求めることもできる

高校での支援

支援の中心は勉強面。進級不可とならないよう、補習などを受ける。不登校対応や生活面への助言ももらえる(4章P64～)

就労

高校卒業後に就労する場合、一般就労するか、手帳を取得して就労するか、2つの進路がある。支援の必要性によって、どちらかを選択することに。高校生活3年間を通して、職場実習や就職試験の練習などをおこなう。

専門学校

高校卒業後、仕事に必要なスキルをより実践的に身につけたい場合は、専門学校へ。パソコン関連の仕事、介護職、美容師などを希望する生徒が多い。

大学

勉強面に困難がない生徒は、大学進学を希望することが多い。対人関係面、生活面の支援を受けながら、受験勉強対策をおこなう。大学で支援を受けるため、早くから移行支援の準備をする場合もある。

進路の相談

特別支援学校の場合、就労するか、施設などに入所する生徒が多い。ほかの学校では、就労のほかに、専門学校や大学に進学する生徒も。高校では早ければ入学直後から、進路相談がおこなわれる。進路をみすえて3年間を活用したい（5章P88～）

特別支援学校の高等部

通信制や定時制、チャレンジスクールなど

全日制の一般校

高校は、重要な通過点です。義務教育が終わり、就労をみすえた教育へと移行する時期にあたります。発達障害がある子は、この時期に自己理解を深め、自分の特性にあった将来像を描くことが大切です。家族や学校は、そのサポートをしましょう。

1 高校での特別支援教育

高校での特別支援教育は、まだ整備段階にあります。
小・中学校と比べると、物足りないところもあるでしょう。
しかし、すでに優れた支援を実践している高校もあります。
先進的な支援によって、生活が豊かになった生徒の例を参考に、
発達障害支援のヒントをつかんでください。

入学前から相談し、安心して高校に入れた

Aくんの場合

1　Aくんは中学生のころから、両親といっしょに支援団体のセミナーや交流会などに参加していた。支援が受けやすい高校や大学についての情報を、周囲から聞いていた。

プロフィール

Aくんはアスペルガー症候群の男子。小学校のときに診断を受け、小・中学生時代は通級で、一部教科の個別指導を受けていました。対人関係に悩み、一時期、不登校になりましたが、また登校できるようになり、中学を無事に卒業。高校に進学しました。

最初は進学に不安を抱えていたAくんだが、高校見学の際に、頼りになる担当者と出会うことができ、安心した

2　中学３年の初夏から、いくつかの学校を見学。各校で教員とも顔をあわせた。Aくんのやりたいこと、期待していることにあう学校がみつかった。

POINT　高校は種類が多い

高校には特別支援学校、通信制、定時制、全日制など、さまざまな形式がある。早いうちに高校の種類を把握して、自分にあうところを探しはじめたい。

3 見学したなかから、無理なく勉強できそうな通信制の高校を選択。入試対策をしっかりとおこない、筆記と面接の試験に合格して、入学が決まった。

POINT 個別支援をしてもらう

発達障害の特性の現れ方には、個人差がある。自分の支援情報をまとめたシートを高校に渡したり、中学時代の教師から高校側に情報提供をしてもらったりする。

中学時代のＡくんの先生が高校を訪れ、支援について、高校側に情報提供。Ａくんと家族の同意があり、移行支援がスムーズに進んだ

4 高校の先生は、Ａくんと家族の許可をとったうえで、彼の出身中学に連絡。中学時代の支援内容を聞きとり、情報の引き継ぎをおこなってくれた。

中学のころは不登校をしたこともあり、友人関係がうまくいかなかったが、高校では心機一転して、日々楽しく暮らしている

5 入学前の見学・相談、入学後の個別相談が功を奏して、Ａくんは高校生活に無理なく入っていけた。通信制とはいえ、週に３～４日は登校し、国語や数学、英語から、農業実習、パソコン実習まで、幅広く学んでいる。

人間関係の悩みを、先輩や大学生が聞いてくれた

Bさんの場合

1　中学時代にしっかりと勉強して、高校は志望校に合格。大学進学をめざして、塾通いを続けている。勉強面には大きな悩みはない。

プロフィール

Bさんは高校２年生の女子。小・中学校時代から、勉強はできましたが、人付き合いが苦手でした。高校に入ると、女子どうしの交流がうまくできず、孤立しがちに。発達障害の診断はありませんが、「場の空気を読むのが苦手」という発達障害的な特性があります。

Bさんはサバサバした性格。人に話をあわせず言いたいことを言うせいか、同性と仲良くなれない

POINT　勉強ができる子も多い

発達障害がある子のなかには、勉強が得意な子も多い。記憶力やこだわりが勉強にいかされていて、その点では非常に能力の高い生徒にみえる。学力だけみていても、本人の悩みはみえてこない。

2　友達付き合いは昔から苦手。同級生の女子がいくつかのグループに分かれ、親密な交流をしているなか、Bさんは大抵、ひとりで行動している。

3　Bさんはなかなか友達ができないことに不安を感じ、「自分は性格が悪いのでは」と悩んだ。しかし先生にも同級生にも相談できずにいた。

進路のことでも、人間関係のことでも、なんでも相談できる会。敷居が低く、Bさんも抵抗なく利用できた

4　悩みこんでいたとき、高校が大学生ボランティアを招いて、生徒向けの相談会を実施。Bさんは会に参加し、大学生の女性に悩みを話してみた。

POINT　ボランティアが活躍

この事例では、心理学科や教育学科の大学生が、ボランティアとして学生の相談にのった。学生にとってもよい経験になり、学校にとっても、特別な予算を使わずに支援態勢を充実できる、よいアイデア。

「女子どうしは面倒なんだよ」「面と向かって言わないほうがいいことをリストにしてみたら？」などと助言され、深く納得した

5　大学生ボランティアは年代が近く、なおかつ外部の人だったせいか、話しているうちに、ふだんは人に言えないことを、相談できた。大学生から現実的なアドバイスをもらうことができ、Bさんの不安はすっきり解消した。

工業高校で職場実習に参加、働く自信がついた

Cくんの場合

1　中学3年のときにいくつかの学校を見学した。工業科や農業科、情報科などをみてまわり、そのなかから工業科のある学校を志望。

2　「工業科で学んで働こう」と、漠然とした希望を胸に入学したCくん。学校に入ってみると、やりたいことがみつからず、じょじょにやる気がなくなっていった。

プロフィール

Cくんは最近、高校を卒業した男子。LD（学習障害）の特性があり、小学校に入学したころから勉強が苦手でした。漢字が覚えられず、計算問題も不得手で、本人は早いうちに勉強には見切りをつけ、手に職をつけようと、専門学科のある高校に入りました。

工業科がある学校で、設備や授業を見学。機械もパソコンも使えるようになると思って、入学を決めた

POINT　キャリアパスがみえにくい

人生設計の道筋のことを「キャリアパス」という。経歴の道という意味。発達障害がある子は見通しを立てるのが苦手で、自分の具体的な将来像をうまく描けない場合がある。支援担当者から、具体的に説明するとよい。

3

Cくんは、授業の内容には目標を見出せず、アルバイトを通じて、将来の仕事を探すことにした。しかしアルバイトでは失敗をくり返し、自信を喪失。

レストランの厨房でアルバイト。料理は好きだったが、多くの注文を同時に、正確にさばくことができず、やめてしまった

4

将来に希望が抱けない状態で、淡々と生活を続けていたが、ある日、学校の授業で職場実習を経験。部品工場で働いてみたところ、うまくいった。実習の際、支援担当の教師が記号や色分けを活用して、わかりやすく指示してくれたのがよかった。

自動車の部品工場で、半日かけて、仕事を体験。部品の仕分け、塗装作業、組み立て作業などを、楽しみながらできた

POINT 体験でマッチングをはかる

職場体験をすると、本人の特性と仕事とのマッチングがはかれる。本格的な就職活動をはじめる前に、能力や希望にあった業種を探しておくと、その後の経過がよくなる。

5

実習での成功体験をきっかけに、Cくんは車やバイクに興味をもち、その関連企業への就職を希望。校内の支援担当者、進路担当者と話し合い、自分にあった職場をいくつか選んだ。就職活動をへて、そのうちの1社に採用され、現在は働きはじめている。

本人の気持ち

自分の将来がどうもイメージできない

発達障害がある子のなかには、主体性が弱く、自分の力で将来をイメージしたり、決断したりすることが苦手な子がいます。

「将来、なになりたいの？」と質問されて、言葉につまる

本人の気持ち

漠然とした不安がある

「いまのままでは働けない」「学びたいけど目標がみつからない」などの不安は抱いているが、漠然としている

先々のことが考えられない

授業で学んだことが、どんな将来につながるか、その関連性がすぐに理解できない。先々のことを尋ねられると困る

背景

想像や決断が苦手

将来への道筋をイメージして、じっくり考えて決断を下すことが難しい。広汎性発達障害の想像力の特性、AD/HD（注意欠陥／多動性障害）の衝動性などが関係している。

調べるのに時間がかかる

多くの学習のなかから、自分にとって必要なことはなにか、どれくらいくわしく学べばよいか、理解するのに時間がかかる。情報処理能力の問題が関わっている。

将来がみえてくる

本人は将来の希望をじょじょにイメージできるようになる。いくつかの選択肢にしぼり、家族や学校と相談できるように

家族ができること

進路を具体的に示す

本人が自分で調べられないぶん、家族が学校調べをサポートする。どのような学校があるか、ある程度調べて、本人に提示する。

まわりが示さないとわからない

情報を整理したり、関連付けたりするのが苦手な生徒には、家族や教師のアドバイスが必要な場合もあります。選択肢を提示され、説明を受けると、決断できるという生徒も多いのです。

学校ができること

できるだけ体験させる

話し言葉や文章だけではイメージしづらい子もいる。大学見学や職場実習などを通じて、将来に関係があることを体験させる。

時間を浪費する

目標を立てずに学習するのはもったいない。とくに専門学科で学んでいる場合には時間の浪費になる

無自覚に卒業する

将来像を描かずに卒業の時期を迎え、進路選択で困惑する生徒も。そのまま卒業してしまう場合もある

大学や就職先で失敗

無事に卒業はしたものの、大学や専門学校、職場で失敗。そこではじめて自分と向き合うことになる

最初は小さな不安だが、そのまま月日を重ねると、卒業が近づき、不安が強くなっていく

勉強面の相談をきっかけに、発達障害に気づいた

Dさんの場合

1　中学に入ったころから、勉強への苦手意識が強くなってきたDさん。高校では、テスト後はいつも補習を受けている。勉強へのやる気をなくしかけている。

プロフィール

Dさんは高校１年生の女子。発達障害についての自覚はなく、これまでの学校生活では大きな問題は起きていません。ただ、勉強は苦手で、一生懸命やってもなかなか成績が上がらず、進路に不安を抱いています。

2　補習をみてくれる先生に、思いきって、勉強面の不安や不満を相談してみた。先生は親身になって話を聞き、後日またゆっくり相談しようと言ってくれた。

赤点をとって、ますます自信喪失。まじめなDさんは、先生に「私、どうしたらいいですか？」と相談した

POINT　校内連携の整備

高校側が、各教員に発達障害理解を広げていて、支援シートなどを作成していると、授業や補習で起きた出来事をきっかけに、支援が実施される場合がある。

3

Dさんから相談を受けた教員は、彼女からあらためて話を聞き、本人の同意を得たうえで、Dさんのことを学校指定の支援シートに記入。支援担当者に報告した。

4

支援担当者がDさんの悩みを把握。教員と連携して、支援をスタートした。LDの可能性を視野に入れながら、数や図形などの教え方を工夫。教員は、Dさんにとってわかりやすい説明を心がけた。

Dさんの学校では、校内の全教職員がシートを使い、気になる生徒のことを支援担当者に伝えるという校内連携が実施されていた

POINT 相談のポイント

学校には、生徒の発達障害の診断や告知はできない。本人や家族も、それは必要としていない。診断名やその見込みについて話し合うのではなく、生徒が抱えている悩みや、その対応を話し合う。

5

教員たちの丁寧な説明を受け、Dさんのやる気も少し回復。そのやりとりに保護者が感謝して、学校を訪れた。支援担当者とスクールカウンセラー、保護者、Dさんの４人で顔をあわせ、どのような支援が実施できるか、相談した。

校内のとりくみをまとめた冊子をみながら、本人、保護者と学校側とで相談。今後、どのような支援を受けるか話し合った

養護教諭や職員に支えられ、孤立せずにすんだ

Eくんの場合

1

Eくんは、一見、なんの問題もなく高校生活を送っているようにみえる。しかし、日々小さなミスをしていて、まわりからは半分あきれられている。

プロフィール

Eくんは高校1年生。勉強面も対人関係面も、目立った問題はありません。ただ、まわりから「天然ボケ」と言われるキャラクターで、思わぬミスをすることがあり、本人はそれを気に病んでいます。

2

性格が素直で、ミスをすると丁寧に謝るため、嫌われることはない。「ちょっと抜けているけど、根はいいやつ」と評価されている。

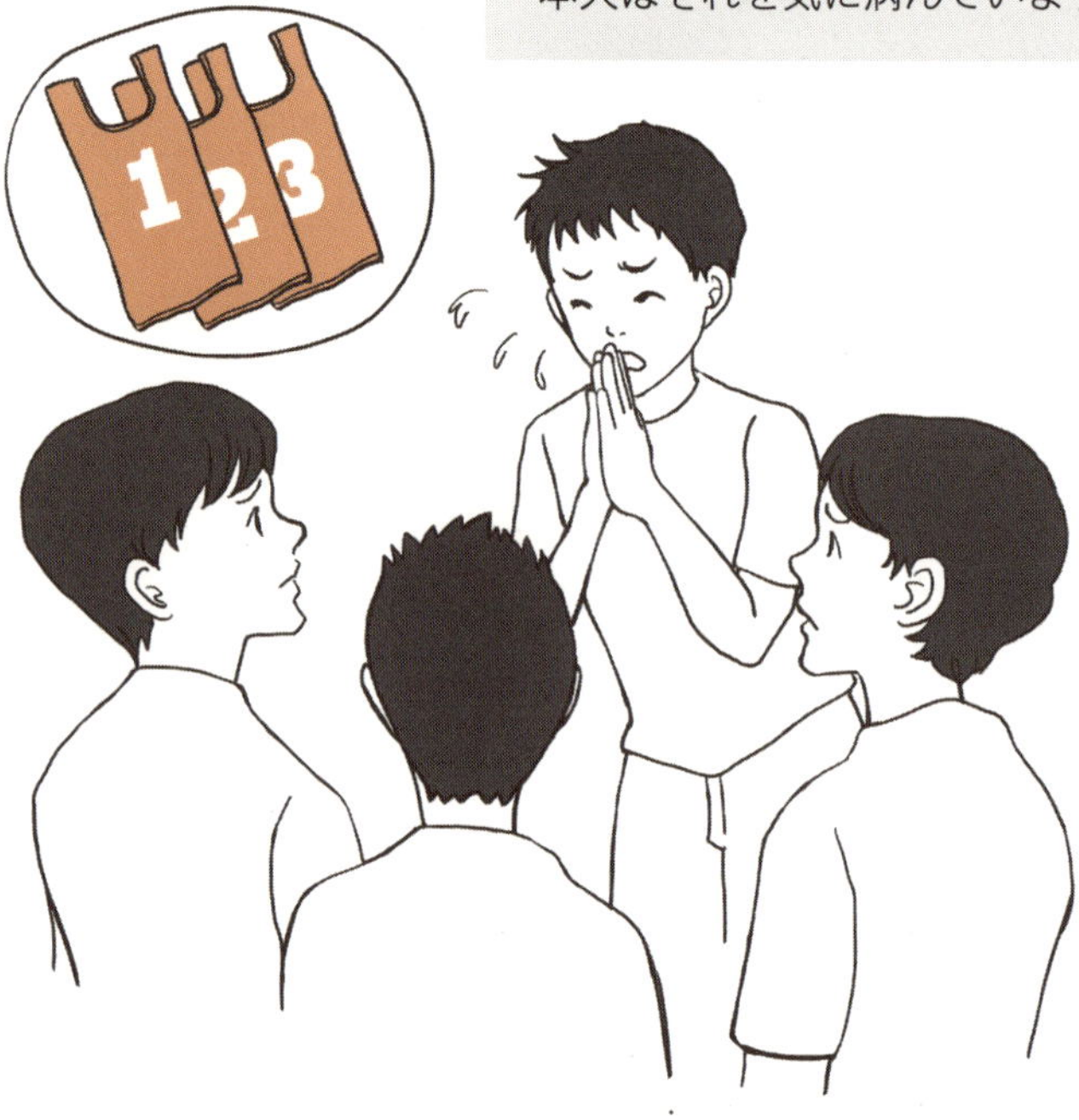

3

本人はまじめなので、まわりが許してくれても、気がおさまらない。迷惑をかけるから部活はやめようか、と思い悩みはじめた。

部活の交流活動で遠方の学校に行ったとき、道具管理をまかされていたEくんは、みんなで使うゼッケンを学校に忘れてしまった

保健室で「また、やっちゃった」と相談。養護教諭がいつも優しく受け止めてくれたため、Eくんも失敗を打ち明けやすかった

4 悩むEくんのたすけとなったのは、保健室。養護教諭がEくんの相談を親身になって聞き、いつも励ましていた。Eくんは自己嫌悪の思いを、保健室で解消していた。

POINT 特別支援学級がない

高校は小・中学校と違って、通級や特別支援学級がない。そのため、専門知識をもって発達障害のある子を見守る担当者が校内にいない。頼りになるのは保健室や職員室、相談室など。養護教諭やカウンセラーが高校での重要な役割を担っている。

5 養護教諭はEくんに、忘れ物のことやミスのことを担任に相談するようアドバイス。ふたりで担任と話し合い、サポートしてもらうことに。それ以来、少なくとも忘れ物は減り、Eくんの自尊心も少し回復した。

POINT 教職員の対話

特別支援教育コーディネーターの教諭を中心に、担任教諭、養護教諭、事務職員などがよくコミュニケーションをとっている高校には、生徒の相談を横につなげる力がある。それによって支援が手厚くなる。

Eくんと養護教諭の話を聞き、担任は、大事な持ち物があるときはメモにしてEくんに渡してくれるようになった

文部科学省のモデル事業が実施されている

高校での特別支援教育をより充実させるため、文部科学省が、支援のあり方を検討する事業を実施しています。

発達障害支援のモデル事業

文部科学省は、高校での発達障害支援を検討するため、平成19年度から毎年10校程度を「モデル事業校」に指定しています。指定校ではさまざまな支援が試行的に実践されています。

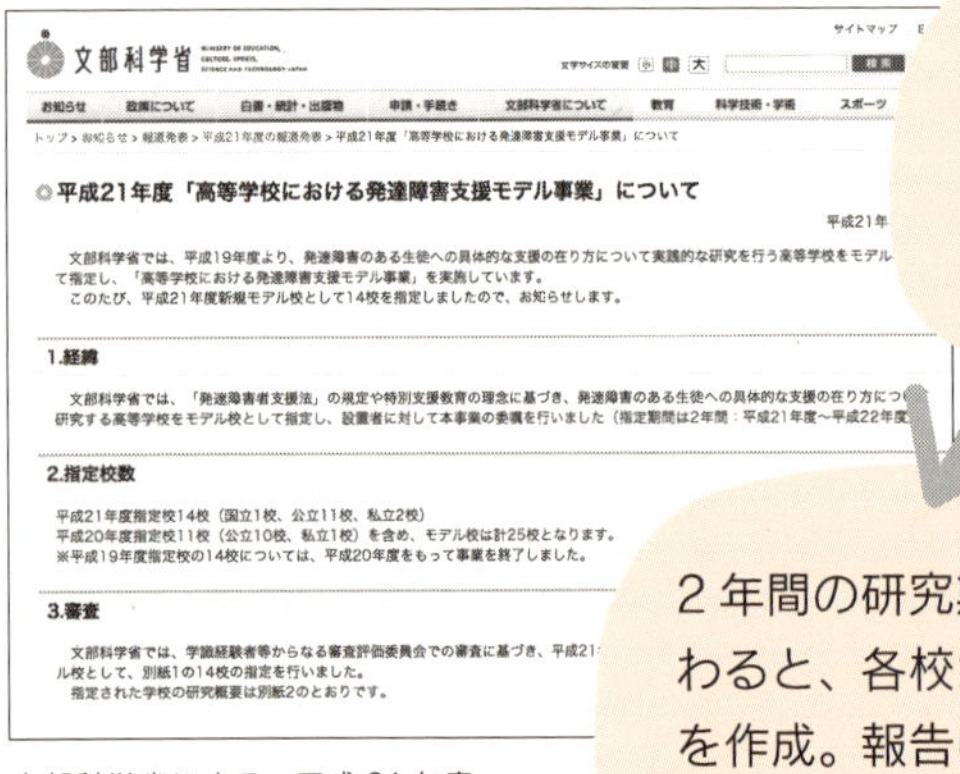
文部科学省 MINISTRY OF EDUCATION, CULTURE, SPORTS, SCIENCE AND TECHNOLOGY-JAPAN

サイトマップ　文字サイズの変更　小　中　大

お知らせ　政策について　白書・統計・出版物　申請・手続き　文部科学省について　教育　科学技術・学術　スポーツ

トップ > お知らせ > 報道発表 > 平成21年度の報道発表 > 平成21年度「高等学校における発達障害支援モデル事業」について

◎平成21年度「高等学校における発達障害支援モデル事業」について

平成21年

文部科学省では、平成19年度より、発達障害のある生徒への具体的な支援の在り方について実践的な研究を行う高等学校をモデル
て指定し、「高等学校における発達障害支援モデル事業」を実施しています。

このたび、平成21年度新規モデル校として14校を指定しましたので、お知らせします。

1.経緯

文部科学省では、「発達障害者支援法」の規定や特別支援教育の理念に基づき、発達障害のある生徒への具体的な支援の在り方につ
研究する高等学校をモデル校として指定し、設置者に対して本事業の委嘱を行いました（指定期間は2年間：平成21年度～平成22年度

2.指定校数

平成21年度指定校14校（国立1校、公立11校、私立2校）
平成20年度指定校11校（公立10校、私立1校）を含め、モデル校は計25校となります。
※平成19年度指定校の14校については、平成20年度をもって事業を終了しました。

3.審査

文部科学省では、学識経験者等からなる審査評価委員会での審査に基づき、平成21
ル校として、別紙1の14校の指定を行いました。

指定された学校の研究概要は別紙2のとおりです。

文部科学省による、平成21年度の事業とそれ以前の研究の報告

(http://www.mext.go.jp/b_menu/houdou/21/06/1268884.htm)

事業に応募した高校のなかから10校程度が「モデル事業校」に指定される

↓

指定された年度から2年間、さまざまな形で発達障害支援が実施・研究される

↓

2年間の研究期間が終わると、各校が報告書を作成。報告は一冊の冊子にまとまる

各事業校による報告は、インターネットを通じて誰でも読むことができる

↓

報告書をもとに、文部科学省や関連機関などで検討・会議などがおこなわれる

↓

適切な支援が明確となった段階で、指定校以外の高校にも導入される見込み

POINT　今後に期待できる

モデル事業校の研究成果は、報告がまとまったあとで検討され、指定外の学校にも伝えられることになっている。

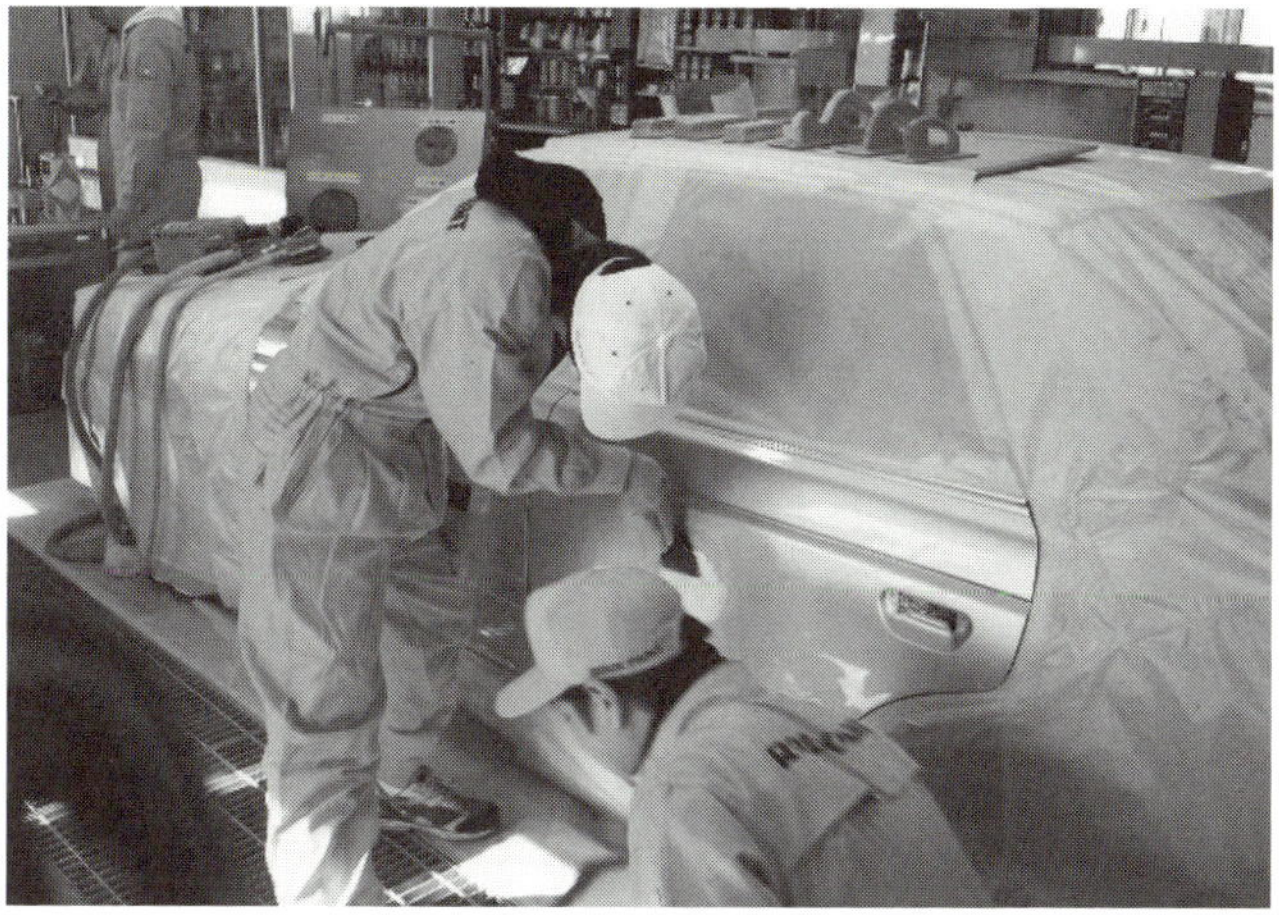
職場実習の一環として、自動車工場で作業をおこなった高校もある

実施された支援の例

モデル事業校では、一般の高校でできる発達障害支援が実践・研究されています。なかには、すぐにとり入れられる例もあります。

職場実習

卒業後に就労をめざす生徒が多い学校では職場実習、就労相談などがおこなわれた。発達障害支援の視点が入ることで、本人のニーズにより適した支援が実践された。

個別支援

勉強面では授業中の指示への配慮、プリントや教材の提供などがおこなわれた。対人関係面は、個別相談や助言などで対応した学校が多かった。

校内・校外連携

連携の中心は10名ほどの校内委員会。講演会や研修会、事例検討会をくり返し開き、教職員間の理解・啓発につとめた学校が多い。また、各校とも、医師や臨床心理士、特別支援教育士など、外部の専門家たちと連携して助言を求めた。

相談窓口

特別支援教育コーディネーターが窓口となり、生徒の相談を受ける。ほかの教職員やボランティアの大学生が窓口になった学校もある。

チェック態勢

生徒のニーズを把握するためのチェックシート、教職員が情報を校内委員会に伝えるための用紙などが制作された。特別支援教育コーディネーターが情報を集約。

モデル事業校から全国へ発信

平成二三年度までに、モデル事業校は全国であわせて三九校となりました。それらの高校が実践した支援は、報告書の形でまとめられ、インターネットなどで公開されています。

国の事業としておこなわれた支援を参考に、全国の高校で、発達障害支援がはじまっています。

高校でどのような支援が受けられるのか、そのひとつの基準となる事業です。関係者は目を通しておくとよいでしょう。

これらの例は、各モデル事業校によって実施されたことをひとつにまとめたものです。
特定の高校の例ではありません。

高校での支援は、まだ広がりはじめたばかり

小・中学校では、発達障害支援が広く実施されるようになりましたが、高校や大学は、まだ支援をはじめたばかりです。その現状を把握しておきましょう。

小・中学校に続こうとしている

高校でも、小学校や中学校に続いて、特別支援教育態勢が整備されつつあります。しかし、まだ整備の段階で、支援を積極的に実践している高校は少ないのが現状です。

全国の国公私立の小学校・中学校・高校を調べた結果。それぞれの項目を実施しているかどうか

「平成 21 年度特別支援教育体制整備状況調査結果主要グラフ」（文部科学省）より抜粋

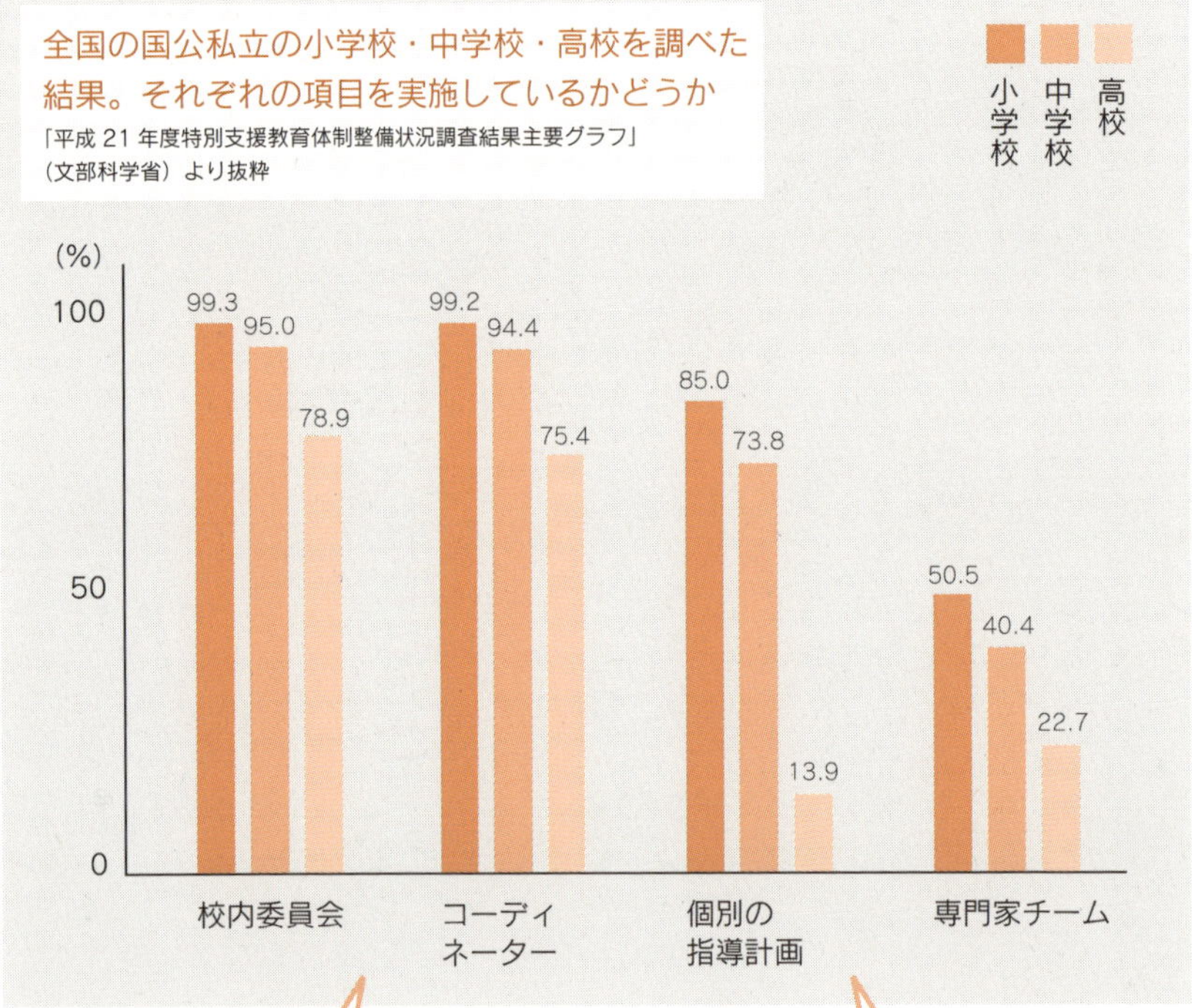

態勢はできつつある

校内委員会の設置、特別支援教育コーディネーターの指名など、支援態勢の整備は進んでいる。支援の担当者がいて、チームも組まれているため、支援を頼むことはできる。

実践はこれから

生徒一人ひとりにあわせた計画を立て、実践することについては、高校ではまだ遅れている。外部の専門家チームとの連携も、少数が実践しているにすぎない。

現場は一生懸命とりくんでいる

統計上、支援の実践は少なくなっていますが、現場を訪れてみると、各高校の教職員は支援教育に一生懸命とりくんでいます。

特別支援教育コーディネーターに指名された教員は、外部の研修会に参加するなどして、専門知識を得て、支援をはじめています。

現場の態勢は日々、整備されていきますので、統計だけをみてあきらめるのではなく、高校の担当者に相談しましょう。どのような支援が受けられるのか、実際のところを聞いてみてください。

教員からひと言

全日制高校での発達障害支援は、はじまったばかりです。教職員のなかには、発達障害をほとんど理解していない人もいます。

各高校の支援担当者は、まず校内に発達障害の基礎知識を広げようとして、会議や研修会を開いています。

多くの高校に発達障害への理解が広がり、具体的な支援がはじまるのは、実際にはもう少し先になりそうです。

今後、期待できること

態勢が整備され、今後は支援の実践も増えていくことが期待されます。支援担当者が決まった高校では、外部の専門家や、中学・大学との連携もはじまっていて、状況は変化しつつあります。

中・高・大の連携

現在は、高校の支援担当者が現場レベルで中学・大学と連携をとっているが、いずれそのつながりが地域のネットワークになる

相談窓口の設置

支援担当者を中心に、養護教諭、スクールカウンセラー、ボランティアの学生などが相談を受けている。高校に窓口ができつつある

医療とのつながり

より適切な支援の方法を求めて、医療機関や療育センターなどと連絡をとる高校も増えている

教員が近隣の医師とメールなどで連絡をとりあい、発達障害支援の態勢を充実させている高校もある

Column

教員免許更新のとき 発達障害講習がおこなわれている

大学などで実施されている

二〇〇九年から、教員免許の更新制度がはじまりました。

教員は、一〇年に一度、免許更新のための講習を受けなければ、免許が失効します。講習には必修項目と選択項目がありますが、そのなかに発達障害についての講習があります。

講習は大学や教育機関などで実施されています。全国各地で定期的に開かれていて、教員は自分の都合のよいときに講習に出向き、聴講しています。

高校教師は、校内研修や地域の研修会のほかに、免許更新時にも発達障害の基礎知識を学ぶことができるのです。

教員免許の更新

必修項目12時間、選択項目18時間、合計30時間の講習を、更新時期の2年間に受講する。選択項目のテーマは多岐にわたっている

発達障害の基礎知識を学ぶ

食育の基本、偏食への対応

子どもの権利条約を知る

教員にとってのストレス対策

各地の大学で発達障害講習が実施され、多くの教師が聴講に訪れている

2 安心感を重視して高校を選ぶ

どの高校に通い、どのような支援を受けるのか。
それは、生徒本人と保護者が考え、選択することです。
高校では、中学までと違って、選択肢が飛躍的に増えます。
どんな学習環境であれば、本人が落ち着いて、
安心して生活していけるか、考えてください。

選択のポイントは「オープン」と「マッチング」

適切な支援を受けながら高校生活を送るためには、高校選びが重要です。高校を選ぶときには、二つの要素に注意してください。

情報を集めて現実的に判断する

発達障害の高校生の支援は、まず高校選びからはじまります。

義務教育であった小・中学校時代と異なり、高校以降は、生徒本人と保護者の自主的な選択が求められるようになります。その選択の第一が、高校選びです。

高校には、全日制や通信制、特別支援学校など、さまざまな形態があります。

発達障害がある生徒の人生全体をみすえて、高校段階でなにを学び、なにを準備するか、考えたうえで学校を選びましょう。そのために、本人や家族が発達障害の特性を把握するのです。

特性にあう環境を探す

高校選びで大切なのは、生徒本人にあう環境を探すこと。本人の特性を把握して、それにあった環境や支援を求めていきます。

特性はオープンに

本人にも学校側にも発達障害の特性を伝える。隠し立てせず、理解を求める

マッチングを探る

学校に本人をあわせるのではなく、本人にあう（マッチングする）学校を探す

入学前に、高校側の支援担当者に会い、学校側のとりくみを聞く

POINT 高校ではない機関も

サポート校や技能連携校は、厳密には高校ではない。卒業しても高卒資格がとれないため、通信制高校や定時制高校に並行して通う

高校選びは選択肢が多い

小・中学校と比べて、高校にはさまざまな形態があります。地域によって異なるため、近隣にどのような高校があるか、調べる必要があります。

全日制

朝から夕方まで授業をおこなっている高校。発達障害支援はまだ、はじまったばかり

チャレンジスクールなど

東京都や大阪府などで実施中の、発達障害や不登校への支援校。もとは一般の公立高校

通信制

登校日が少なく、自宅でも学習できる高校。対人関係が苦手な生徒にも学びやすい

定時制

時間を区切って授業を実施。授業以外の時間をほかの活動に使うことができる

一般校

サポート校

通信制と並行して通う教育支援機関。授業や行事、相談業務などを通じて学習面・生活面の支援が受けられる

通信制だけでは学習環境を維持しづらい生徒はサポート校も併用

技能連携校

就労をみすえて、働くためのスキルを鍛える学校。高卒資格はとれない。通信制や定時制と並行して通う

通信制・定時制で高卒資格をとり、技能連携校で専門知識を学ぶ

特別支援学校

特別支援学校の高等部。近年は、知的障害をともなわない発達障害の生徒の在籍数が増えているが、地域や機関によって違いがある。事前の確認が必要

佐々木先生からひと言

学校を選ぶときには、本人を主体に考えてください。「この子にはどんな学習環境があうか」という視点をもつことが大切です。「○○高校はいい学校だという話だから、この子にあうだろう」という、学校主体の選び方ではいけません。その高校のよさが、本人の特性にあうかどうか、本人を主体にして、考えてほしいのです。

見学して支援担当者に会うとホッとする

高校のくわしい情報は、人づてに聞いた話だけではわかりません。見学に訪れ、支援担当者から直接聞きましょう。

まずは見学先を探す

生徒本人のニーズにあう学校をいくつかリストアップします。在学中の中学校のほか、地域の関連機関にも情報を求めましょう。

中学などで相談

日頃から特別支援教育コーディネーターと連絡をとり、進学先について相談しておく。定期的な進路相談以外にも積極的に話す

自分でも調べる

教育関連機関に電話などで尋ねる。各高校のシステムや担当者は随時替わっているため、最新の状況を調べる

問い合わせ先

- 教育委員会・特別支援教育課
- 特別支援学校
- 教育センター
- 当事者団体・支援団体

自分の目で確かめる

高校での発達障害支援は、学校によって異なります。支援に積極的な高校と、そうでない高校では、入学後に得られる支援が異なるため、事前の確認が必要です。

入学前に高校を見学して、校舎や設備、支援態勢をみておきましょう。また、支援担当者や校長、教頭に相談の機会をもうけてもらい、過去の支援の例を聞くのも、高校選びの参考になります。

授業見学を実施したり、在校生と話す機会をもうけたりしている学校もあります。それらの機会を活用し、どのくらい支援が期待できる高校か、確かめてください。

梅永雄二先生からひと言

生徒と学校のマッチングをはかるうえで、見学は非常に重要です。保護者だけでなく、本人も同行させたほうがよいでしょう。

本当は、生徒が実際の授業や実習を短時間でも体験できればなおよいのですが、そういったとりくみを実施している学校は多くありません。学校の関係者には、ぜひともお願いしたいことですね。

入学前に慣れておく

見学には、生徒本人が高校のイメージをつかむという目的もあります。高校がどのようなところかわかっていれば、入試にも、その後の生活にも、安心してのぞめるからです。とくに広汎性発達障害の生徒に効果的です。

POINT 担当者がわかる

見学をすると、高校側の支援担当者がわかる。担当者の支援の考え方が、高校の態勢に大きく影響するため、見学のときによく話を聞くとよい。

文化祭などの行事を見学できる場合もある。生徒から学校の様子を聞ける

連絡をとる

高校に電話して、見学と相談の希望を伝える。中学や関連機関で担当者を紹介しておいてもらうとよい

見学する

本人と保護者で、見学へ。高校側の支援担当者と顔あわせをする。疑問があれば相談・質問しておく

他校も見学する

1校をみて決めるのではなく、他校の支援態勢も見学する。複数校をみて、本人のニーズとの相性をみる

本人の気持ち

安心感が得られる

高校への移動手段、校舎の様子、支援担当者の人柄がわかり、先々の不安が少し解消される。見学を通じて安心感を得る

地域のくわしい情報は、先輩ママがもっている

保護者どうしのいわゆる「口コミ」が、進路を考える際の貴重な情報源になります。相談や見学を通じて知ったことを情報交換しましょう。

情報を３つにわけて考える

進路に関する情報を、大きく３つの層にわけて考えてみましょう。制度の詳細や学校の連絡先など、手に入りやすい情報と、そうでない情報があります。

高校の種類を知ることからはじめ、じょじょに具体的な情報へ

本でわかるのは「国の制度」

本書や教育関連の本には全国一律の制度が掲載されている。高校のしくみや種類はわかるが、各地域の詳細までは掲載されていない。

窓口でわかるのは「地域の情報」

学校や関連機関の窓口では、近隣の学校について、連絡先や担当者などの基本的な情報がわかる。しかし、各校の支援の詳細まではわからない。

「各校の詳細」は口コミで

各校の状況をくわしく知りたければ、口コミを活用する。保護者どうしの情報交換や、医師や保健師などへの相談が役に立つ。

保護者どうしの会話がいちばんの情報源だと言う人もいる

親の会に参加する

LD親の会は、LDなどの発達障害がある子どもをもつ親の会です。会員の勉強会として、有識者の講演会や子育て報告会、学校見学会などをおこなっているグループもあります。

人のつながりがいちばん頼りになる

高校選びには、不安や迷いがともなうものです。本人も、保護者も、見学や相談をしても、決心がつかないこともあるでしょう。

選択に迷ったり、確信がもてなかったりしたら、まわりの保護者に相談するとよいでしょう。

また、親の会に参加すると、中学や高校などの進路について、体験談や情報などを聞くこともできます。会員どうしのつながりができれば、子育ての悩みが共有でき、保護者としての先輩から教わることもあります。積極的に活動することで仲間の輪が広がります。

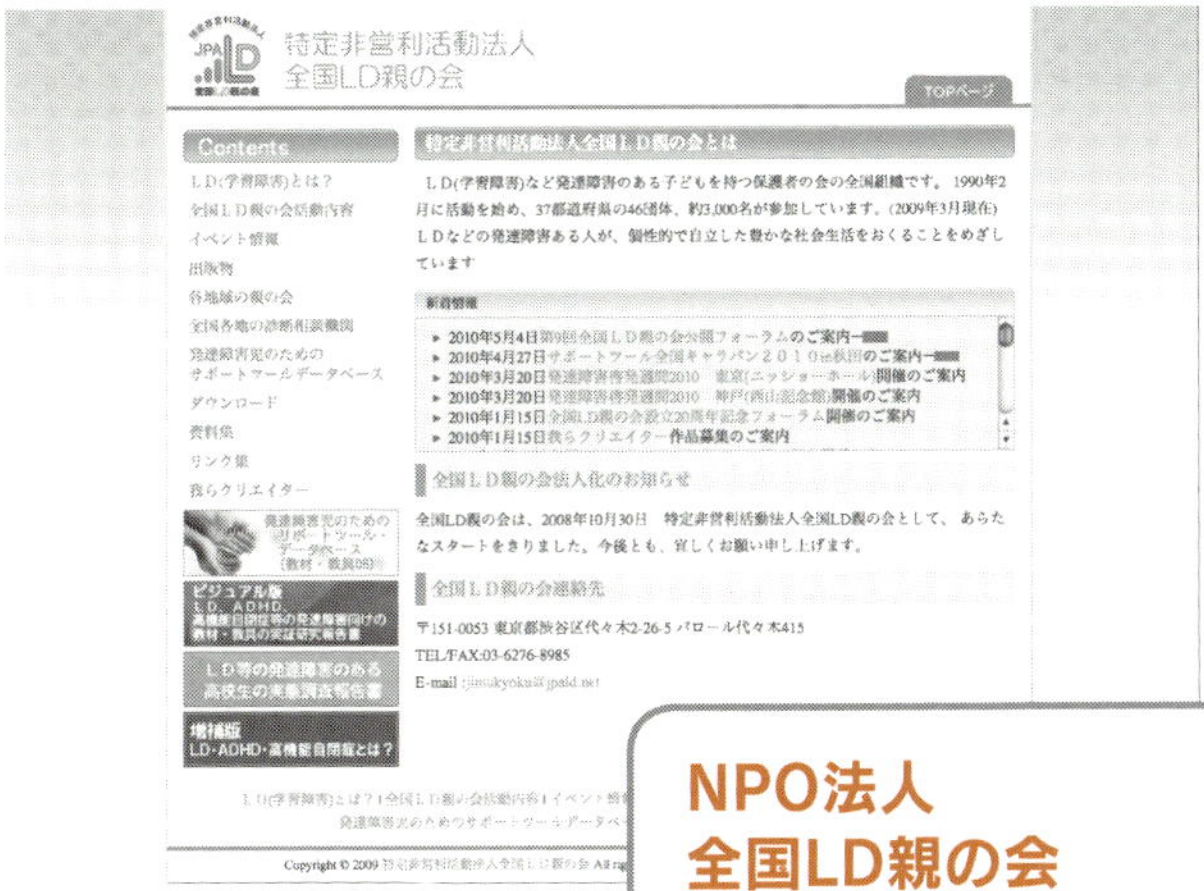

NPO法人
全国LD親の会ホームページ
(http://www.jpald.net)

NPO法人
全国LD親の会

37都道府県47団体が所属するLD親の会の全国組織。各地の親の会どうしで情報交換をおこなっている。

機関紙「かけはし」の発行や、会員調査などを実施

一般向けの公開フォーラムの開催

文部科学省など、関係機関との交流・連携

親の会からひと言

LDなどの発達障害のある子の保護者が正会員として、主体となり活動している親の会です。

子どもたちが生き生きとした学校生活をすごし、自立した社会生活を送れるような社会の実現をめざし、積極的に活動していただける方であれば、どなたでも参加できます。詳細は各地のLD親の会に直接問い合わせてください。連絡先は全国LD親の会のホームページに掲載されています。

安心感が強いのは、特別支援学校の高等部

特別支援学校の高等部は、発達障害の支援態勢がととのっています。診断がはっきりしていて、支援の必要性が強い場合は選択肢となります。

高等部への進学の流れ

小・中学校時に特別支援学校に在籍していた生徒は、そのまま高等部に進む場合がほとんどです。ほかに、通常学級の生徒が、中学卒業後に特別支援学校の高等部に進学する場合もあります。

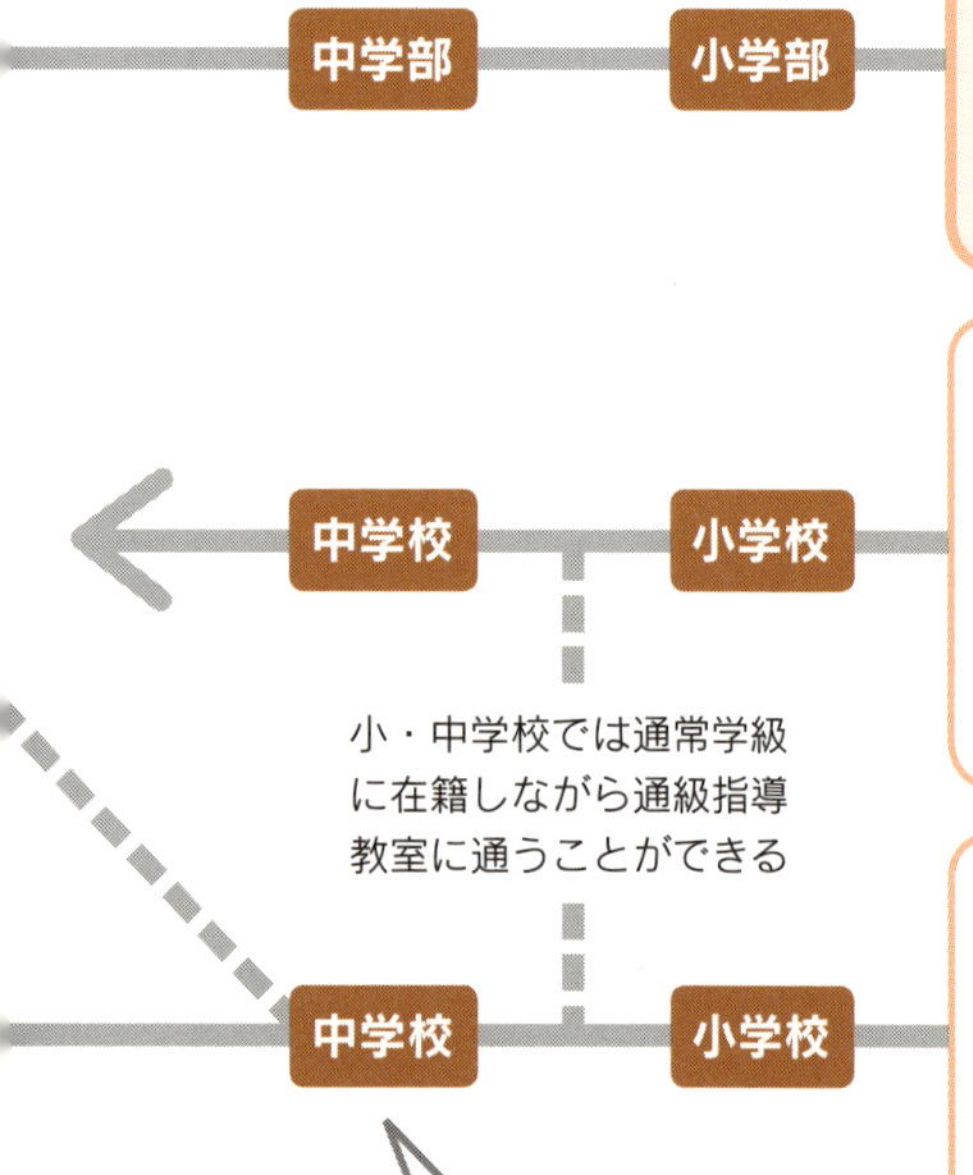

中学部
小学部
中学校
小学校
小・中学校では通常学級に在籍しながら通級指導教室に通うことができる
中学校
小学校

特別支援学校

発達障害や知的障害などへの支援が充実している学校。支援を前提に運営されている。

特別支援学級 通級指導教室

一般校に設置されている支援学級。専門の教員がいて、発達障害支援が受けられる。

通常学級

一般校の通常学級。発達障害に対する特別の支援はないが、教員の判断による支援はおこなわれる。

中学卒業後の進路

2008年度の調査では、発達障害などの困難がある生徒のうち、高校に進学した生徒は75.7％だった。全日制の高校では、全生徒のうち、約2％の生徒が、発達障害などの困難を抱え、支援を必要としていることがわかった。

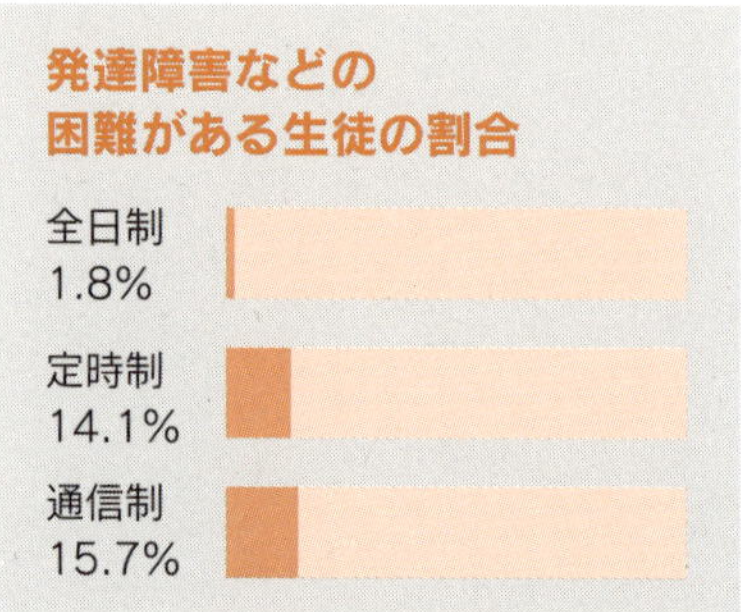

発達障害などの困難がある生徒の割合
全日制
1.8％
定時制
14.1％
通信制
15.7％

「発達障害等困難のある生徒の中学校卒業後における進路に関する分析結果　概要」（文部科学省）より

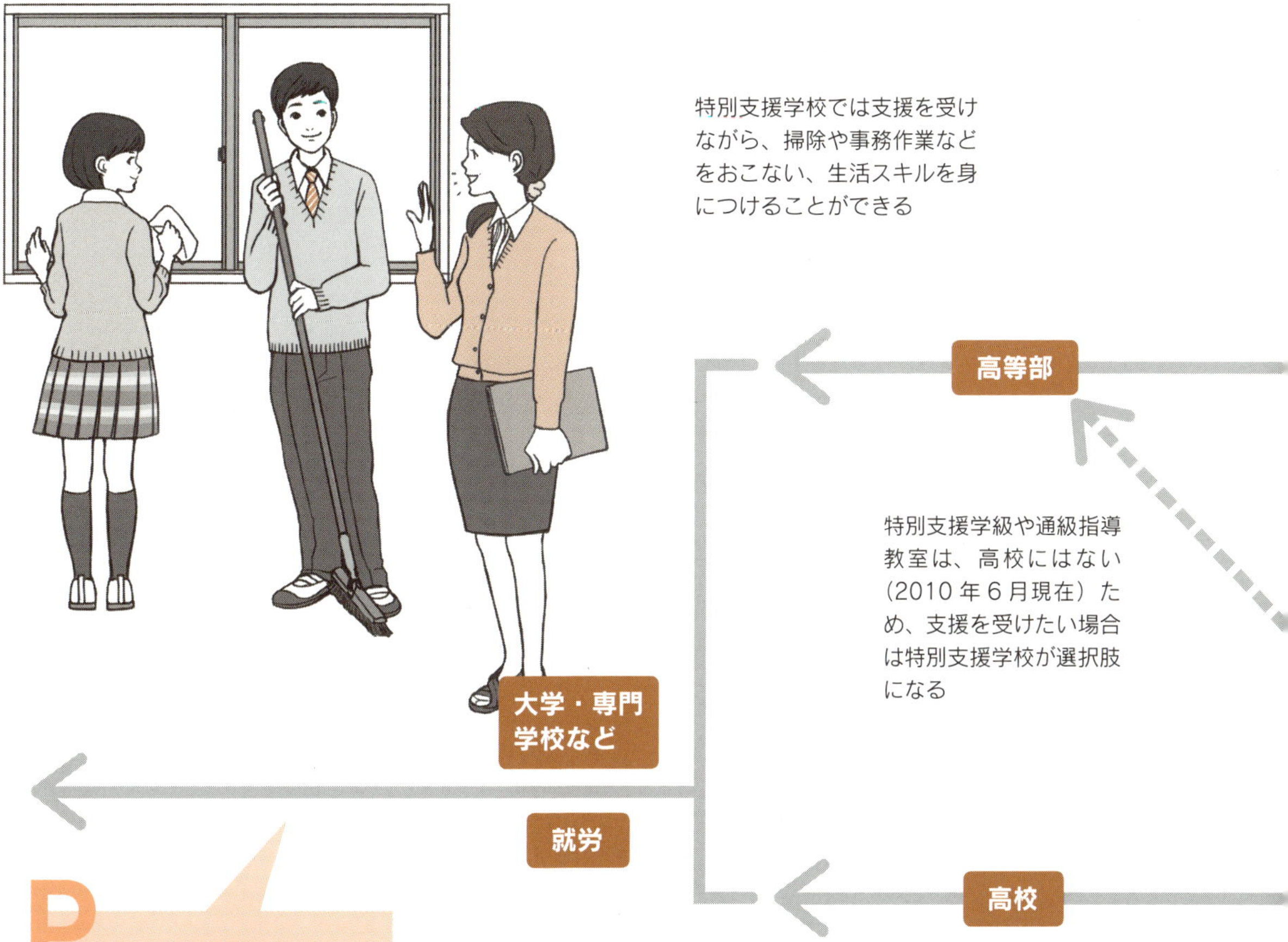
特別支援学校では支援を受けながら、掃除や事務作業などをおこない、生活スキルを身につけることができる
高等部
特別支援学級や通級指導教室は、高校にはない（2010年6月現在）ため、支援を受けたい場合は特別支援学校が選択肢になる
大学・専門学校など
就労
高校

必要な支援を求めやすい

特別支援学校の特徴は、必要な支援を求めやすいことです。

入学する段階で、学校側に発達障害のことを伝えるため、学校側が生徒の特性を必ず把握しています。また、教員たちは発達障害支援の基礎知識をもっているため、相談がスムーズに進みます。

生徒本人が自身の特性を理解していて、支援を受けることを希望している場合には、進学を検討しましょう。

POINT 卒業後もみすえて

特別支援学校では、就労をめざして、高等部在籍中から職場実習などをする生徒がいる。卒業後の仕事をみすえて活動している。

大学生の発達障害支援についてはこころライブラリー・イラスト版「大学生の発達障害」（佐々木正美・梅永雄二監修）をご覧ください

一般校ではある程度の主体性が求められる

小・中学校と違い、高校では、学科選択や進路選択などにおいて、生徒や保護者が主体的に判断する場面が多くなります。

学科は大きく3つに分かれる

一般校には大きく分けて3つの学科があります。文部科学省の調査によると、生徒全体の約70%が普通科に、約20%が職業学科に所属しています。総合学科所属の生徒はいまのところ少数です。

一般校

普通科

文部科学省既定の「普通教育」にそって学ぶ。カリキュラムには国語、数学、理科、地理・歴史、外国語など必修科目が多く、選択の幅はせまい。

職業学科

特定の職種に特化した内容の授業を受ける。工業系や情報系、農業系など、専門知識・技術を必要とする分野が多い。

総合学科

「普通教育」の教科を学びながら、選択科目も多く学ぶ。情報や福祉など、専門分野の科目を選ぶことができ、選択の幅が広い。

滋賀県立日野高校。総合学科として柔軟性の高いカリキュラムを組んでいる。発達障害支援モデル事業校のひとつ

主体性が弱い子の場合、きめこまかな支援が必要に

高校では選択科目や専修コースなど、生徒が学びたいことを選ぶ機会が増えます。

発達障害がある生徒は、情報を正確に把握することが苦手な場合があります。教員から生徒に声をかけ、科目やコースの意味、選び方を説明する機会をもうけるとよいでしょう。

また、先の見通しを立てるのが苦手で、ひとりで主体的に判断することがうまくできない生徒に対しては、適性のある科目やコースを助言して、ある程度、道筋を示すのもよい支援です。

教員からひと言

一般の全日制高校に入ってくる発達障害の生徒は、保護者の期待に応えようとして、がんばりすぎている場合があります。「環境がととのえば力が発揮できる」という保護者の信念が、生徒本人にとって、プレッシャーになっているのです。保護者の思いが強すぎると、本人に無理な環境を与えることになりかねません。

よい点・不安な点を比較する

特別支援学校の高等部と一般校のどちらが子どもにあうか考えるときには、両校の情報を箇条書きにして、比較してみましょう。その際、大切なのは、子どもにとってのよい点と、親にとってのよい点を分けて考えることです。

支援校

よい点

親：支援が受けやすくて安心

本人：学びやすい環境

不安な点

親：大学進学や就労はできるか？

本人：「障害」「支援」への抵抗感

一般校

よい点

親：勉強面での充実や期待

本人：大多数の子と同じだという肯定感

不安な点

親：個別支援が受けにくいのでは？

本人：勉強や対人関係への不安

保護者や本人から寄せられる声の一例。各校への思いは当然、家族ごとに異なる。自分たちの気持ちをこの例のように書き出してみて

「ふつう」になりたい

発達障害の子は思春期になると、ほかの子と自分との違いを気にしがち。ほかの子と同じようにしたい、「ふつう」でいたい、という思いを抱いている

本人の気持ち

本人の気持ち

安心できるポイントは生徒一人ひとり違う

学校に求めるものは、生徒一人ひとり違います。子どもの気持ちに寄りそって、その子が安心できる環境を探すことが大切です。

本人の気持ち

自分の長所をみがきたい

　教科の勉強を平均的にするよりも、得意分野をいかしたい。それができる学校を探したい

自由な学校に行きたい

　教科の選択ができる総合学科の一般校、登校日や時間の融通がきく通信校などを希望

支援してもらうと安心

　特性にそった支援が得られる学校を希望。ほかの子と自分の違いをはっきりと感じている

大勢のなかが落ち着く

　一般校で、大勢のなかで学びたい。中学の友達といっしょに公立高校に行きたい

進路を早く決めたい

　卒業後の進路がある程度みえるところに行きたい。見通しを立て、安心して学びたい

背景

小・中学校での経験

　過去に学校で通級や特別支援学級を利用したことがある生徒、外部機関の療育やトレーニングに通ったことがある生徒の場合、支援を求めることが多い。

本人の自己理解

　自分の特性をどのように理解しているか。「長所」「違い」「苦手分野」など、さまざまなとらえ方があり、それによって希望する学校は変わる。

その子にあわせて高校を選ぶ

高校を選ぶとき、もっとも大切なのは本人の安心感です。受けられる支援の内容も大切ですが、本人がその支援を希望しているかどうか、確認してください。

見学したり、学校案内を手に入れたりして、できるだけ多くの学校を検討する

高校を選ぶ

本人と家族で話し合い、高校を選ぶ。見学や相談を進めるなかで、どういう選択をすれば安心して学べるか、考える

家族ができること

本人のニーズを聞く

「どの高校に行きたいか」だけでなく、「どんな学び方がしたいか」「そのためになにを支援してほしいか」という視点ももって、本人の希望を聞く。

学校ができること

多くの選択肢をみせる

中学・高校の教職員は、生徒にできるだけ多くの選択肢を提示する。本人が総合学科をよく知らず、選択肢に入れていない場合もある。

佐々木正美先生からひと言

安心感は、理解者のいる環境で得られるものです。

どの学校であれば、子どもの理解者がいるか、考えてみてください。学校の名前や教育法にとらわれないことが大切です。

入学前に相談して、学校側の担当者が子どもの特性を理解してくれる人であれば、一般校でも、十分に安心感が得られるはずです。

定時制、通信制、サポート校でのびのびと学ぶ

時間や場所の制限を受けず、のびのびと学べる学習環境があります。周囲に行動をあわせることが苦痛だという場合に、よい選択肢になります。

本人の気持ち

中学時代から学校がつらかった

勉強や部活動、対人関係の悩みがあり、中学時代から学校に通うのがつらかった生徒の場合、全日制の一般校に進学すると、さらに傷ついてしまうことも。ほかの選択肢も考えたほうがよい

中学時代から続く悩み

ゆっくり学びたいが、支援学校には抵抗がある

対人関係が苦手で、友達との付き合いが憂うつ

集団行動のとき、空気が読めない。自分でもつらい

劣等感が強くなり、途中から不登校状態だった

気分が安定せず、時間通りに登校するのが難しい

中学から授業がわからなくなった。無力感がある

高校に入ってからの悩み

十分な支援が得られず、すぐに中退してしまった

対人関係でトラブルがあり、高校にいづらくなった

生活スタイルにあう高校を探す

「朝から夕方まで学校にいて、大勢といっしょに勉強する」という生活スタイルでは学びにくい人は、一般校以外の選択肢も視野に入れましょう。

一般校よりも自由度の高い学校に入ったほうが、本来の力を発揮できそうな人は、選択肢を広げて

一度、高校に入ってうまくいかなかった人のセカンドチャンスとしても、定時制や通信制が検討できる

昼間はアルバイトで働く経験をつみ、夕方から教科の学習をすることができる

学ぶチャンスはいくらでもある

全日制高校以外にも、学習環境はたくさんあります。定時制の名称やイメージにとらわれず、自分にあった環境かどうか、検討してみましょう。

定時制

時間が比較的自由。夕方から夜にかけて授業をおこなう学校が多いが、最近では昼間定時制の学校もある。全日制よりも授業時間が全体的に短く、そのほかの活動に時間がさける。アルバイト、地域活動、休息に時間が使える

通信制

場所が比較的自由。書類送付やインターネット配信などで授業や資料が提供され、自宅や好きな場所で学べる。学校には週に数回程度通うのが一般的。対人関係が苦手な人でも、自分のペースで学べる

サポート校

学習面・生活面の支援が充実している。通信制高校での学習が維持しにくい生徒は、並行してサポート校を利用するとよい。とくに、相談窓口が充実している機関が多い

世間体より自分の人生を大切に

定時制や通信制の高校では、時間や場所が比較的自由になり、学びやすい環境がととのいます。

発達障害があり、小・中学校時代、授業時間に勉強するのが難しかった人にとっては、定時制や通信制は重要な選択肢となります。

定時制や通信制は全日制と違う、特別な学校というイメージもありますが、そういった世間体よりも、自分にとって学びやすいかどうかという点を大切にして、選択肢として、考えてみてください。

自分にあわない一般校に入って三年間を無駄にするよりも、適切な環境で学ぶほうが、はるかに有意義です。

チャレンジスクールなど、地域別のとりくみ

東京都を中心に、一部の地域で、特別支援学校とは異なる形式の支援をする学校が増えています。人間関係を円滑にむすぶスキルの形成や、習熟度別少人数授業などにとりくんでいます。

支援校と一般校の中間のような高校

発達障害のある生徒は、中学・高校の年代になると、勉強への苦手意識が強くなる場合があります。不得意な教科をきっかけに、勉強全体に嫌気がさしてしまうことも。「自分は勉強しても無駄だ」などと思ってしまい、不登校や高校中退となる生徒もいます。

そのような生徒が勉強への意欲を回復するため、基礎学力を再獲得したい場合、「チャレンジスクール」などの自治体独自の指定校を利用することが、選択肢のひとつになります。勉強が嫌だと感じている生徒にも学びやすい環境をととのえている学校です。

モデル事業校とチャレンジスクールの違い

チャレンジスクールなど、自治体の指定によるとりくみは、モデル事業校（22 ページ参照）と似たとりくみです。生徒にどのような支援ができるか、試行錯誤しています。

発達障害支援モデル事業校

モデル校は、国の指定を受けた高校。全国に先駆けて発達障害などへの支援を実践して、支援のあり方を検討している。

都や県、府が既存の高校のなかから一部を支援の高校として指定

↓

公立高校が「チャレンジスクール」などの指定を受け、支援を開始

↓

チャレンジスクールなど

既存の公立高校が、従来の教育に加えて、不登校の生徒や発達障害のある生徒へのより専門的な支援もおこなう。

POINT 頼りになるのは同じ

チャレンジスクールも、モデル事業校も先進的な支援をしていて、頼りになる点では同じ。また、指定のない高校でも、支援をしているところはある。

全国に広がりつつある

自治体指定による支援のとりくみは、東京からはじまり、全国に広がりはじめました。ただし、モデル事業校と違って、国が決めた規定はなく、必ずしも発達障害支援のとりくみとして実施されているわけではありません。

POINT 間口を広げて、受け皿になっている

東京都や神奈川県の指定校は、入学試験で学力テストをおこなわない。勉強面に強い苦手意識があり、不登校になったり、高校を中退したりした生徒がもう一度、高校生活に戻れるよう、間口を広げているのが特徴。

東京都のとりくみ

「チャレンジスクール」「エンカレッジスクール」という２種のとりくみで、主に不登校生徒を支援している。発達障害にも対応。基礎学力をつけるための復習、将来の就労にそなえる練習などをおこなっている。

大阪府のとりくみ

「クリエイティブスクール」を指定して、東京都のとりくみを参考に、不登校支援をおこなっている。

埼玉県のとりくみ

「クリエイティブスクール」の指定を通じて、県内数校で不登校生徒を支援。対人関係の支援や訓練を実施。

千葉県のとりくみ

「アクティブスクール」という名称で、勉強が苦手な生徒、対人関係が苦手な生徒への支援を実施している。

神奈川県のとりくみ

県内数校を「クリエイティブスクール」に。教員を増やして授業理解を支援。職業体験も実施している。

Column

特別支援教育士と臨床発達心理士はどう違う？

どちらも悩みを聞いてくれる

学校現場には、さまざまな肩書の支援担当者がいます。

担任教諭や養護教諭、スクールカウンセラーなど、名称を聞いただけで役割がわかる肩書から、教育士、発達心理士など複雑な肩書まで、さまざまです。

支援担当者の肩書の意味がわからないときは、担当者本人かまわりの先生に聞いてみましょう。どのような相談ごとに適した役職の人なのか、わかります。

ただ、いずれにせよ支援担当者になっているわけですから、基本的には、どんな悩みでも聞いてくれます。肩書で遠慮せず、悩みはどんどん相談しましょう。

特別支援教育士

特定の講習を受け、特別支援教育について学んだ人。発達障害支援を中心とした、さまざまな教育ニーズへの対応を身につけている。特別支援教育でできることを聞きたいときの相談相手。

臨床発達心理士

人間の心理面の発達を学んだ人。規定の試験に合格している。保護者がわが子の心理面の成長について、相談したいときに適任。発達障害の基礎知識ももっている。

学校心理士

カウンセラー資格のひとつ。カウンセリングのなかでも、とくに学校における相談ごとへの対応を学んでいる。悩みごと全般に対応してくれる。発達障害の専門知識が少ない場合もある。

3 入学前後の支援で緊張感をほぐす

子どもは、小・中学校時代は地域の学校に通い、
なじみの友達の間で学校生活を送ります。
安心感のある暮らしが送りやすいのです。
それが、高校に入ると、地域も顔ぶれも一新。
とくに入学前後は緊張感が高まります。

診断を受け、生きづらさのわけを知っておく

特性があるために、勉強や人間関係でつまずき、「どうもうまくいかない」と思っている子がいます。診断を受けることで、気持ちがすっきりします。

発達障害とは

発達障害とは、先天的な脳機能のかたよりによって、いくつかの行動特性が生じることです。特性は本来、障害ではありませんが、周囲の理解や支援が不足すると、生活上の困難につながります。

広汎性発達障害

社会性、想像力、コミュニケーションの3つの面に特性がある。人にあわせて行動するのが苦手。知的能力や言語発達の程度によって、自閉症、高機能自閉症、アスペルガー症候群などに診断名が分かれる

- 高校生の時期は集団行動や対人関係に悩む
- 連想や応用が不得手。考えの切り替えが難しい
- 特定のことへのこだわりは、目標につながる

AD/HD

Attention-Deficit/Hyperactivity Disorder。注意欠陥／多動性障害。多動性、衝動性、不注意の3つの特性がある。落ち着きがない子だと思われがち

- 高校生の時期は授業への集中力不足に悩む
- 不用意な発言、忘れ物、ミスがなかなか直らない
- 決断や行動の速さはリーダーシップにつながる

LD

Learning Disorders。学習障害。読み書きや計算などを極端に苦手とする。勉強面で手を抜いていると誤解されてしまう場合がある

- 高校生の時期に国語や数学の基礎ができず悩む
- 読み書きが苦手なために、テストで失敗
- 支援を受ければ、力を十分に発揮できる

POINT 障害観が変わりはじめた

以前は、発達障害がある人の苦手なことを明らかにする研究が進んでいたが、近年はもういっぽうの、得意なことにも注目が集まっている。

発達障害についてくわしく知りたい方は健康ライブラリー・イラスト版「自閉症のすべてがわかる本」「アスペルガー症候群のすべてがわかる本（ともに佐々木正美監修）、「AD/HDのすべてがわかる本」（市川宏伸監修）、「LDのすべてがわかる本」（上野一彦監修）をご覧ください。

支援を求める前に特性を理解する

高校に支援を求めたいと思ったら、その前に、本人が自分の特性を理解する必要があります。

発達障害支援は、一人ひとりへの個別支援です。特性にあわせた支援なのです。ですから、特性がみえなければ、支援を求めることも受けることもできません。

家族にも学校にも、同じことが言えます。本人がなにに困っていて、どんな特性があるのか、それを知らずして、支援を検討することはできません。

大切なのは自己理解

診断の目的は、本人に自分の特性を理解してもらうこと。理解によって不安がやわらぎ、「では、なにをすればよいか」という具体的な対策に入れます。

いままで、発達障害のことをなにも知らなかった

↓

悩みごとをきっかけに医療機関を受診。診断が出た

子どものころに診断を受け、発達障害のことを知った

↓

自分の特性を理解して、注意点や対応を知っておく

「自分は気がちりやすい」と自己理解していれば、前もってその対策が打てる。それによって生活上の困難が減る

教員からひと言

自己理解に、必ずしも診断が必要とは限らないのではないでしょうか。保護者や学校の支援担当者が本人に特性を伝えるだけでも、理解は深まります。また、なかには医療機関を受診しても診断が出ない生徒もいます。

私たちは、診断名が大事なのではなく、生徒の悩み、特性が大事なのだと思って支援しています。

相談の希望は支援担当者や校長、教頭に伝える

小・中学生のころから支援を受けていて、それを高校にも伝えたい場合には、高校に連絡をとり、支援担当者に会いましょう。

相談相手はたくさんいる

小・中学校ほどではありませんが、高校でも特別支援教育の整備がはじまっています。悩みを相談する相手はいるので、積極的に働きかけてください。

特別支援教育コーディネーター

校内の特別支援教育担当者。もっとも頼りになるが、高校では指名・整備が遅れていて、経験の浅いコーディネーターもいる

学年主任

特別支援教育の校内委員会に参加していれば、支援の概要を知っていて、相談相手になる

担任教諭

本人のことをいちばんよくみる先生。相談できる関係を早めに築いておきたい

養護教諭

保健室の先生。体調不良を中心に、さまざまな悩みが相談できる

支援担当者

スクールカウンセラー

悩みごと全般に対応している。学校に来る日数が少ない場合が多い

校長・教頭

担当者がわからなければ、まずは校長や教頭など、学校の責任者に連絡を

教育委員会

責任者

地域の学校の支援態勢がわからない場合は、教育委員会に問い合わせる

本人の気持ち

話したい人、話したくない人がいる

保護者が「この人が担当者だから相談しなさい」と言っても、生徒にとってその先生が相性のあわない人なら、気持ちを素直に伝えられない。役職にあまりこだわらず、話したい人に相談してよいという姿勢で支える

推薦状や丁寧な書面がなくてもよい。電話一本で相談を申しこめる

直接、伝えるのが早い

支援や相談の希望は、保護者から高校に直接伝えるのがよいでしょう。中学・高校間の連携はまだはじまったばかりで、手間取る場合があります。

POINT　心配なら中学に相談

中学の支援担当者や担任に相談して、希望している高校の支援態勢を確認するのも、よい方法。それをふまえて判断する。

頼み方

保護者が連絡する

電話で高校のコーディネーターと連絡をとり、相談の日時を決める

中学に依頼する

中学が日頃から高校と連携をとっている場合は、高校を紹介してくれる

医師に依頼する

医師が高校への申し送り状などを書いてくれる場合もある

高校に連絡することは、前もって本人にも伝え、了承を得る

担当者と相談

中学時に受けていた支援を説明して、同様のことが頼めるか確認する

本人と担当者の相性もよくみる

生徒本人が中学卒業から高校入学への過程に不安を抱いていて、高校側に配慮してほしいと願っている場合には、早めに高校に連絡をとり、支援を依頼しましょう。

高校にも特別支援教育の考え方が広がりつつあります。発達障害支援について相談できる学校も増えているので、入学前に連絡をとるなど、ぜひ、早期の相談を心がけてください。

各高校の態勢がわからなければ、中学や地域の教育委員会に、概要を問い合わせましょう。

本人の気持ち

「発達障害」という言葉には抵抗を感じる

「発達障害」をどんなに丁寧に説明しても、本人が「障害」という言葉を受け止めるまでには時間がかかります。

理解するのに時間がかかる

発達障害や特性を理解するには、長い時間が必要となります。受け止め方には個人差がありますが、多くの子どもは、保護者や医師、教師などとの対話を通じて、ゆっくり自己理解していきます。

「発達障害」を早く知った場合も、ゆっくり気づいた場合も、周囲が支えつづけることで、自己理解が深まる

本人の気持ち

自分だけ違うことがショック

最初は「発達障害」だということ、まわりの子と自分が違うことにショックを受ける。いっぽうで、保護者が支えてくれることに安心感も抱く

背景

すでに診断を受けた

小・中学校時代に診断を受け、医師や保護者からくわしい説明を聞いていた場合は、高校入学までの期間にある程度、自己理解が深まる。

本人の気持ち

どうもうまくいかない

小・中学校時代には、特性の影響でうまくいかないことがあっても、その原因がわからず、自分を責めたり、不可解だと感じたりしていた

背景

特性について無自覚

本人、保護者ともに発達障害に気づいていない場合も多い。中学、高校と進学していくなかで、悩みが増えて、じょじょに気づく。

本人の気持ち

じょじょに理解し、前向きに

保護者や教師、友達の支えを受け、中学・高校くらいから気持ちが落ち着きはじめる。自分にできることがわかり、自信がついて前向きに

家族ができること

学校に特性を伝える

教師やクラスメートが誤解しないよう、子どもの特性を周知させる。失敗や非難によって本人がより傷つく「二次障害」を防ぐ。

学校ができること

家族経由で話を聞く

家族からよく話を聞き、発達障害の特性を理解する。「発達障害」という言葉を本人がどう受け止めているか、把握しておく。

高校に入ってから気づいた場合にも、時間をかけて理解を深めれば、自己肯定感が抱けるようになる

本人の気持ち

「障害」と知ってショック

悩みごとの相談などを通じて、発達障害の診断や可能性を知る。ショックを受ける子、拒絶する子、納得する子など、反応は個々に異なる

学校ができること

対応は上記と同じ。発達障害や本人の心境をできるかぎり理解する。

家族ができること

いっしょに理解する

本人といっしょに発達障害を理解する。気づくのが遅いということはない。わかったときからゆっくり自己理解を深めればよい。

中学から高校への移行支援は対面式がベスト

中学卒業によって支援が途切れ、高校で状況を一から伝えなおすのは、大変な苦労を要します。移行支援を依頼しましょう。

手段は3種類ある

移行支援は3つの方法でおこなわれています。もっともよいのは中学・高校の支援担当者と本人、家族が顔をあわせて話し合う形式ですが、各校の態勢しだいで、難しい場合もあります。

シートや書類で

一人ひとりの支援シートをつくり、中・高と引き継ぐのが理想。現在は各校の書式で書類をつくり、本人の同意を得て進学先に引き継ぐ形式が多い。

電話やメールで

支援担当者が、生徒本人の同意のもとで、以前在籍した学校や進学先へ連絡をとる。担当者間で、過去の支援内容や今後の対応を相談する。

各学校単位では書類の管理・保管はおこなっている。その移行は担当者レベルで判断されることが多い

顔をあわせて

中学の担当者か高校の担当者が、どちらかの学校に出向いて話し合う。その場に本人、家族が同席すると、伝達ミスや誤解がなくなる。

支援担当者からひと言

移行支援は、どうしても相手校の様子をうかがって、待ちの姿勢に入ってしまいがちです。

しかし、形式にこだわって、連絡を躊躇《ちゅうちょ》している間も、子どもの悩みや困惑は続きます。

担当者レベルでできる連絡をすぐにおこない、その相談のなかで、どこまで伝えあえるか、検討する方法がよいと思っています。

POINT あくまでも「移行」支援

移行支援とは、本人や家族、教員が、支援の経験や知恵を進学先へと引き継ぐこと。中学時になにもしていなければ、移行支援とはならない。

頼み方

中学時の支援を確認

保護者から連絡をとり、中学の担当者にこれまでの支援を確認。本人も保護者も気づいていない支援がある場合も

移行支援を希望する

中学の担当者に移行支援の希望を伝える。入学前から高校につなぐ場合と、入学が決まってからつなぐ場合がある

高校に相談を希望

高校の担当者に相談をもちかけ、移行支援の希望を伝える。伝え方は高校の態勢にあわせて、現実的なものを選ぶ

本人の気持ち

よけいなことは伝えないで！

本人には、勉強面の挫折やいじめ体験などを忘れて、高校で心機一転したいという希望もある。高校では先入観をもたれたくない気持ちにも理解を

中学時に受けた支援が前提となる

移行支援の基本は、小・中学校時代に実施していたことの継続です。中学時に支援を受けていたことが前提となります。

様子をみながらできる範囲で

移行支援や支援シートについては、国や自治体による明確な規定がありません。現在は、各校の支援担当者が独自の書式で書類をまとめて管理しています。

支援移行時は、各校がシートの内容を整理して、移行用の書類をつくり、本人や家族がその中身を確認したうえで、進学先に伝えるという形式が一般的です。

原則として、本人の希望が最優先されますので、進学先になにを伝えたいか、本人の気持ちをよく聞いてください。それが移行支援の基本です。

指示の確認や別室受験などの配慮が得られる

入学前から高校と相談をしていると、入学試験への配慮の話が出ることがあります。中学時に試験への配慮があった場合は検討されます。

地域差や学校間の差が大きい

入学試験時の配慮には、地域差や学校間の差があります。

国による明確な基準がなく、どの地域・学校も検討を重ねながら実施しているため、どうしても違いが出てしまうのです。

また、本人の希望や、発達障害の診断の有無、教師の意向など、さまざまな要素が関わるため、なかなか基準がまとまらないという問題もあります。

入試への配慮を求めたい場合には、基準や他地域の例にとらわれないで、本人の希望や教育的なニーズを優先して、高校に働きかけていきましょう。

配慮されること・されにくいことがある

試験の難易度や結果に関わらないことについては、全国的に配慮が得やすくなっています。なかには、問題用紙の変更や、試験時間の延長など、先進的な支援をおこなっている高校もあります。

一般的な配慮

- 体調不良などでの別室受験
- 口頭の指示を板書でもしてもらう
- 指示や英語のリスニングが聞きやすい席の使用
- 問題を読む際の定規などの使用
- 前日に試験会場を下見する

先進的な配慮

- 読みづらさへの配慮。問題用紙拡大など
- 問題用紙にルビをふってもらう
- グループ面接を個人面接に変更
- 中学の友人と同室内で受験
- 試験時間の延長（LD の子の場合）

POINT 柔軟な配慮もはじまっている

教育委員会の指示のもとで、試験の形式を調整する支援もおこなわれはじめた。柔軟な対応により、生徒本来の力が発揮されている。

教育委員会に確認する場合もある

試験の形式に関わるような、柔軟な配慮を求める場合には、まず中学・高校に相談し、場合によっては教育委員会にも確認をしてもらいます。

頼み方

中学時の支援を確認

中学で、問題用紙の読み上げなど柔軟な支援を受け、学習してきたことを確認

希望を高校に伝える

高校の担当者に相談して、入試で中学時の試験と同様の配慮を得たいと伝える

教育委員会に確認

高校レベルで判断できない場合は、高校の担当者が教育委員会に連絡・確認

入試時に支援実施

教育委員会の確認がとれれば、支援が実施される。手続きをふむことが大切

教育関係者からひと言

日本の教育制度は長年、生徒全員に公平な対応をしてきました。問題形式の変更は、高校の担当者レベルでは判断できません。教育委員会にも連絡するため、相談は早めにしてください。

大人数だと緊張して腹痛が出やすいことを伝え、少人数の別室受験に

本人の気持ち

ズルだと思われたくない

勉強の成果を出しきりたい思いはあるが、入学後に「ズルをした」と言われたくない気持ちもある。ほかの生徒に誤解されない形で配慮するのがよい

本人・家族・学校で特性をオープンにする

発達障害の診断名や特性については、本人と家族、高校の支援担当者の間で情報を共有するのが一般的です。教職員や生徒には、場合に応じて伝えます。

入学後に伝える人も多い

診断名や特性を伝えるタイミングに、正解はありません。本人の意向を尊重して、伝えたいときに、伝えたい内容だけ、相談しましょう。

POINT 入学前は懸念が多い

入学前から相談すると、高校側が必要以上にかまえて本人にプレッシャーになるのではないかと懸念して、合格するまで相談をひかえる保護者も多い。

頼み方

在学中に移行支援

中学で支援を受けていて、本人が移行支援を強く希望する場合は移行支援を

学校どうしの連携が強い場合や、中高一貫校などでは、オープンにしやすい

過去に入試への配慮があった高校だと、特性を抵抗なく伝えることができる

入試を機に相談する

本人が入試に不安をもっていたり、支援を希望している場合は入試の際に

合格してから相談

入試前後に本人がナーバスになっていたら、合格してから相談するのもよい

入学

高校の支援態勢がわからない場合には、入学して様子をみながら話すのもよい

同級生には言わなくてもよい

支援を求める場合、学校側には状況を伝える必要がありますが、同級生に伝えるかどうかは、本人と家族の判断によります。

特性を把握した教師が、行事の予定を一覧表にして、渡してくれた

本人

誰と誰に自分の診断名や特性を知っておいてほしいか、はっきりと言う。同級生の理解がほしければ、それも言う

家族

本人の意向が実現するよう学校側に働きかける

学校

本人・家族の意向を尊重して、関係者間で説明をおこなう。説明する内容を事前に本人に確認する

同級生

本人や学校から説明があれば、それを理解する。疑問があればたずねる

教員からひと言

校内の特別支援教育コーディネーターから生徒の特性について説明を受け、その子が授業に集中しにくいわけが理解できました。以前は自分の授業が嫌なのかと感じて叱っていましたが、最近は、本人の興味を引く質問を投げかけるようにしています。私は診断名は聞いていませんが、十分に対応はできていると思いますね。

相手によって伝える内容を変える

発達障害の診断名は場合に応じてオープンに、そして特性は、できるだけ多くの人にオープンにしたほうがよいでしょう。

「オープンにする」とは、伝える、開示するということです。自分にはこういう特性があるのだと、まわりに理解してもらうことだと考えてください。

伝える内容は、相手によって変えてかまいません。同級生とアルバイト先の店長では、理解してほしいことは違います。オープンにするのが基本ですが、その程度は自分たちで調整しましょう。

支援担当者以外にも相談してかまわない

校内には支援担当者がいますが、ほかの教職員にも相談してかまいません。話しやすい人を何人かみつけると、気持ちが楽になります。

ひとりで悩みこんで、眠れない夜が多いのなら、ぜひ相談して

悩みを抱えこまないで

生徒には、どんなに親密な相手にも言えない悩みがあるものです。友達や家族、支援担当者だけでなく、ほかの教職員にも相談できる環境が理想的です。

勉強の悩み

授業についていけない、特定の教科がまったくわからないなど。自分には能力がないと思い、あきらめてしまう生徒がいる。

生活の悩み

対人関係や性の悩み、朝起きられないことなど。家族や友達には言いづらく、ひとりで悩みがちだが、発達障害が関連している場合も。

悩みによって、適切な相談相手がいる。もちろん、それ以外の人に相談してもよい

発達障害について

発達障害への戸惑いや拒絶感など。支援してくれる家族やコーディネーターには言えない思いも抱えている。

進路の悩み

大学進学への不安、就労への自信のなさなど。将来の具体的なイメージがつかめず、途方に暮れている生徒もいる。

最初は緊張して当たり前。試しにドアをノックしてみよう

発達障害以外のことも相談できる

高校は、発達障害だけを支援しているのではなく、生徒の悩みすべてを受け止めています。

なにか悩みがある場合には、発達障害との関連があってもなくても、誰かに相談してください。

もっともよくないのは、ひとりで悩みを抱えこむことです。とくに発達障害特性を背景にもつ悩みの場合、ひとりで解決策を導き出すのは、簡単ではありません。

たったひと言の相談が、その後の支援につながり、生活を一変させることもあります。人を頼ってください。

必ず誰かが聞いてくれる

悩みを聞いてくれる相手は、必ずいます。誰に相談してよいか、迷ったときには、下のチャートを参考に考えてみてください。

頼み方

教科の先生や先輩、コーディネーターへ

教員に相談すると授業中の指示やプリントの内容に配慮を得られる。先輩に経験を聞くのも、心の支えとなる。

養護教諭やスクールカウンセラーへ

ふだんあまり接していない職員に相談。生活面の悩みを一般論として聞いてくれ、恥ずかしい気持ちがやわらぐ。

スクールカウンセラーや巡回相談員へ

定期的に学校をおとずれるカウンセラーや巡回相談員も発達障害にくわしい。

医療機関へ

未診断の場合や、診断があっても不安が強い場合などは、医療機関を紹介してもらい、よりくわしい話を聞く。

担任や進路担当、コーディネーターへ

大学や専門学校、職場などについて、具体的な情報が聞ける。イメージがつかめる。

外部機関へ

企業や、就労支援をおこなっている機関に連絡をとり、職場体験や模擬面接を実施してもらうこともできる。

本人の気持ち

入学直後は緊張感が強く、気持ちが不安定

入学直後は期待や興奮が緊張感につながり、落ち着かない状態になりがちです。失敗を過剰に気にして、不登校になる子もいます。

本人の気持ち

新しい環境への緊張感

高校では、小・中学校と違ってほとんどの同級生が初対面のため、緊張する。登下校のルートや学習内容にも変化があり、なかなか慣れない

友達との出会いに興奮

たくさんの人と話すなかで、友達ができたり、信頼できる教師に出会ったりして、興奮する。気持ちがたかぶりやすい

新しい生活への期待

高校で楽しい新生活ができると期待している。小・中学校が楽しくなかった子は、気分一新のチャンスだととらえている場合もある

入学早々、同級生にどんどん話しかける。本人は友達ができると期待しているが、話し方が一方的で、周囲に敬遠される。それでショックを受ける

傷つきやすいことを知っておいて

発達障害のある子は、言動に特徴があるため、入学直後から目立ち、ひとり浮き上がったような状態になりがちです。そこで失敗体験をすると、大変傷つきます。家族や学校関係者は、生徒の特徴が愛すべき個性として周囲に浸透するよう、支援してください。

空気が読めない

場の空気にあわせるのが苦手なため、入学早々、周囲から浮いてしまう。広汎性発達障害の社会性の特性、AD/HD の多動性・衝動性の特性などが関わっている

背景

見通しが立てられない

入学後、すぐにみんなと打ち解けられると思いこむなど、見通しの悪さがある。広汎性発達障害の想像力の特性、AD/HD の衝動性の特性などが関わっている

学校ができること

相談をもちかける

本人に、失敗して「もうダメだ」などと考えている様子がみられたら、教職員から相談をもちかける。本人が考えすぎている点に、助言する。

家族ができること

本人の主張を聞く

どんな期待を抱き、どんな失望を味わったか、本人の話を聞く。白か黒かの極端な考え方に陥っている場合があるので、考えがかたよらないよう、くり返しアドバイスする。

リラックスして安定する

適度にアドバイスを受け、不安定な時期を乗り越えると、その後は安定する場合が多い。相談相手や居場所ができると、リラックスでき、多少嫌なことがあっても平気に。

緊張がきれて不登校に

不安定な時期に失敗して、誰の支えも得られないと、緊張の糸が切れてしまう。不登校になったり、登校しても孤立したりして、本人にとってはつらい状態に。

Column

高校を境に検査がWISCからWAISに替わる

大人へと変わる年代だということ

幼児期や学童期に発達障害の可能性が考慮された子の場合、さまざまな知能検査や心理検査が用いられ、発達の様子がくわしく調べられます。その結果にそって、支援をおこなうためです。

中学校以降になると、検査はあまりおこなわれません。周囲の人との相談や、医療機関での診察などによって特性を把握します。中学・高校の年代は、子どもから大人に変わる時期で、子ども用の検査はもう使えないからです。

本人との相談が、より重要になっていくということです。

WISC

Wechsler Intelligence Scale for Children。ウェクスラー式知能検査。子どもの知能を言語性 IQ、動作性 IQ、注意記憶、処理速度などの観点から総合的に調べる検査。発達障害の子の能力のバランスをみるために用いられる。

WAIS

Wechsler Adult Intelligence Scale。ウェクスラー式の成人版。WISC は 5 ～ 16 歳の子に用いられる検査で、16 歳以降は WAIS という成人用の形式が使われる。調べる内容は同様だが、検査の方法が多少異なる。

そのほかの検査

小学生のころは下記の検査が実施される。高校生は対象年齢からはずれ、検査が受けられない

- ITPA……言語学習能力検査。主に言語面の知能を調べる。9歳11ヵ月まで。
- K-ABC……知能検査。主に情報の認知、処理の仕方を調べる。12歳11ヵ月まで。

※2015年6月現在、WISC-Ⅳ、WAIS-Ⅲが最新版として使われている

4 肯定感がもてることを高校で探す

高校生活の最大の目標は、
自分にはなにができるのかを知ることです。
できることがわかり、自己肯定感がもてると、
それによって勉強にも、学校生活にも、
前向きにとりくめるようになります。

苦手な教科が目立ち、人との違いが気になり出す

高校には、同じ程度の学力をもつ生徒が集まっています。そのなかで、発達障害の子は特定の教科の成績が伸びず、悩んでいることがあります。

高校生たちの声

中学のころから、国語の教科書を読むのが苦手でした。数学の文章題や社会の長文問題もよくわからず、自分は文章を読みこなすのが下手だと思っていました。

高校ではその悩みが悪化。先生が板書したことやテストの問題文を読むのに時間がかかり、そのせいで、勉強面ではまわりの人と差がついてしまいました。

学力の差が開くいっぽう。劣等感を感じる

ほかの子の成績が気になる。自分はレベルが低い

どんなに勉強してもできない教科がある。つらい

能力がアンバランス

発達障害がある子は、能力が不均衡です。得意なことと苦手なことがはっきりと分かれていて、苦手なことは、本人の努力だけでは克服しきれない場合があります。

特性

LDの子は読み書きや計算が苦手。発達障害全般的には指示の聞き取り、動作模倣がうまくできず、それが成績不振に影響している場合がある。

国語や数学、体育など特定教科の成績が低い。復習してもよくならない

指示がわかりにくい先生の授業だけ、成績が悪い。力が発揮できない

対応　自己理解をサポートする

本人が、自分の苦手なことを認識し、その背景となっている特性を理解できれば、状況の悪化を止められます。苦手なのは努力不足のせいだという誤解がなくなり、支援を求める意識がうまれます。大人は本人の自己理解を支えましょう。

歴史にくわしいことは、人に自慢できる。長所を自覚すると、よい意味で人と自分を比べられるようになる

ほかの生徒の長所も伝える

自分を他人と比較したくなるのは仕方がない。比較を禁止するのではなく、どちらにも長所があることを理解させる

長所を正しく評価する

本人は失敗や弱点に意識が向きがち。長所を口頭でほめたり、連絡帳に書いたりして、よい面にも気づかせる

教師が指示の仕方を工夫する

指示を工夫するだけでも、苦手意識はやわらぐ。話し言葉、書き言葉、色分けなど、本人にとってわかりやすい指示にする

苦手なことには支援を受ける

まわりの生徒が問題なくこなしていることを、自分ひとりだけうまくできないという場合には、遠慮せず、支援を受けましょう。

その苦手分野に、背景として発達障害が関わっていると、本人の努力だけでは改善しきれないこともあります。

「弱点だ」「努力しなければ」と考えると、自分を追いつめてしまいます。気持ちを切りかえ、「ちょっと手伝ってもらえばできそう」と考えてみてください。

小・中学校との違い

自意識が強くなっている

10代なかばになると、誰しも自意識が強くなる。他人と自分の違いが気になる時期で、とくに自分の短所が頭から離れなくなる。

赤点をとり、進級できないと思い悩む

発達障害がある生徒のなかには、勉強が天才的によくできる生徒がいるいっぽうで、勉強面に困難を抱えていて、進級が難しくなる生徒もいます。

高校生たちの声

中学のころから勉強はまったくできませんでした。いちおう塾に通ったけど、志望校には合格しませんでした。いま通っている高校はあまり好きじゃありません。

高校に入ってからは、けっこう赤点をとっています。がんばっても結果は赤点なので、もう勉強しても無駄だと思います。大学に行きたいけど、たぶん無理です。

がんばっても無駄、進学なんて無理！

小・中学校との違い

先がないと感じる

義務教育と違い、高校以降の学校生活には、勉強ができないと進学できないイメージがある。そのため、勉強面で困難を抱えた子は、将来の希望を失ってしまう場合がある。

一生懸命、勉強している。時間も手間もかけている

特性

軽度の知的障害やLDがある子の場合、学力が伸びにくい場合がある。また、勉強の仕方を調整するのが苦手で、テストで本来の力が発揮できていない子もいる。

結果が出ない。勉強したときもしていないときも成績は同じ

やる気がなくなる。進学をあきらめ、勉強しなくなってしまう

勉強への苦手意識

発達障害特性が、勉強面の困難を引き起こすことがあります。その状態で理解や支援が得られず、時間がすぎると、苦手意識がつのり、勉強することそのものがストレスになっていきます。

無力感が日々、つのっていく

勉強面の出来不出来は、テストの点数としてはっきり出ます。

発達障害の子のなかには、努力しても点数が変わらず、無力感をつのらせている子がいます。

保護者や学校関係者は、生徒にテストの点数だけでは人の能力ははかれないことを伝えながら、同時に、テスト対策も教えるようにしてください。

生徒本人が、自分にあった学び方を身につけられるように支援することが大切です。

保護者からひと言

息子はいつも、テスト寸前まで勉強をしないので、なまけているのだと思って、注意していました。

支援担当者に相談したときに、息子はテスト当日までの見通しが立っていないということを知らされました。最近では、テストの一ヵ月前から予定表をつくり、定期的に声をかけて、勉強のペースの維持に協力しています。

対応　試験対策をみせる

勉強の仕方があっていないために、結果が出ないという子がいます。予定の立て方や作業の手順など、試験対策を具体的に提示するだけで、変わる場合があります。

予定表をみながら勉強する。問題集のページ数や、覚える単語の数を書くと勉強の成果が確認できる。無駄だと感じない

スケジュール表をみせる

自分のペースで試験勉強をするにはいつはじめればよいか、本人と相談しながら予定表をつくる。進行度を蛍光ペンなどで示すのもよい

学び方の工夫を教える

覚えること、練習することをある程度しぼる。どこから手をつければよいか、わかりやすく指示する

本人の気持ち

「どうせ勉強はできない」とあきらめている

小・中学校時代に勉強面で失敗体験を重ねてきた生徒は、勉強は無駄だと感じ、学ぶことをあきらめてしまっている場合があります。

試験直前になっても一日中テレビをみている。勉強したほうがよいとわかっているが、気力が出ない

成長をあきらめている

いまの自分への評価が低いだけでなく、将来や成長への期待も失いかけている

本人の気持ち

自己否定的になっている

自分を信じられない。自己評価が下がっている。「どうせ自分なんて」と思ってしまう

背景

ほかの人との違いや差

自分とほかの生徒の成長度や理解力を比べている。特性を把握していない場合、自分と周囲との違いや差に困惑して、自己否定的に。

これまでの勉強の結果

小・中学校時代は努力していたが、結果にむすびつかなかった。特性への理解や支援が得られず、状況が悪化。苦手教科だけでなく、勉強全般が嫌になっていく。

あきらめるのは今日で終わりに

発達障害がある生徒は、特性を正しく理解され、適切な支援を受ければ、めざましい成長をとげます。勉強ができないのは、理解と支援が不足しているからです。あきらめなくてよいのです。

家族ができること

きょうだいや他人と比べない

ほかの子と比べると、本人が平均に対する優劣を意識してしまう。人との比較はやめる。本人の以前の姿と比べて、成長したことを伝えるほうがよい。

学校ができること

必要以上に叱らない

叱責すると、本人に苦手な面をより一層意識させることになりがち。自己否定的な子の場合は、叱るのは最低限にとどめたほうがよい。

自尊感情を育む

周囲が比較や否定をできるかぎりさけ、本人の小さな成長や努力をほめるようにすると、自尊感情が育つ。その積み重ねが、学ぶ意欲につながっていく

POINT 発達障害の子の自尊感情

無理解な環境で育った子は、うまくいかない体験を重ねていて、自尊感情を失っている場合がある。それが生活をますます困難にしている。

佐々木正美先生からひと言

発達障害の子どもたちのなかには、周囲の大人に特性を理解してもらえず、たくさん叱られて育ってきた子がいます。

そういう幼児期・学童期をすごした子が、高校生活のなかでまた過度に叱られたら、どうなるかおわかりでしょう。

彼らをそれ以上、叱らないでください。まずは評価すること、ほめることを心がけましょう。

目標がみつからないが、将来への危機感がない

発達障害の子にとって高校時代は、将来を具体的に考えはじめる時期ですが、進路に意識が向きにくい子もいます。

高校生たちの声

いまは高校の勉強で手一杯。将来を考える余裕がありません。まだそこまで考えなくていいのではないでしょうか。

できれば大学に行って、そのあと就職したいと思っています。毎日、勉強は一生懸命やっているので、大丈夫だと思います。

自分から親に相談しようとは思いません。気が進まないです。

将来のことはわからないが、どうにかなるはず

やりたいことがみつからない

発達障害がある生徒は、ゆっくり着実に学ぶのが得意です。そのため、将来への準備も早くからはじめたほうがよいのですが、目標をみつけるのが上手でない傾向があります。

特性

将来設計が苦手な原因はいくつかある。想像力の弱さが見通しの立てづらさにつながっている場合や、多動性・衝動性があるために地道な努力が続きにくい場合など。そのほか、叱責され続けて、希望がもてなくなっていることも。

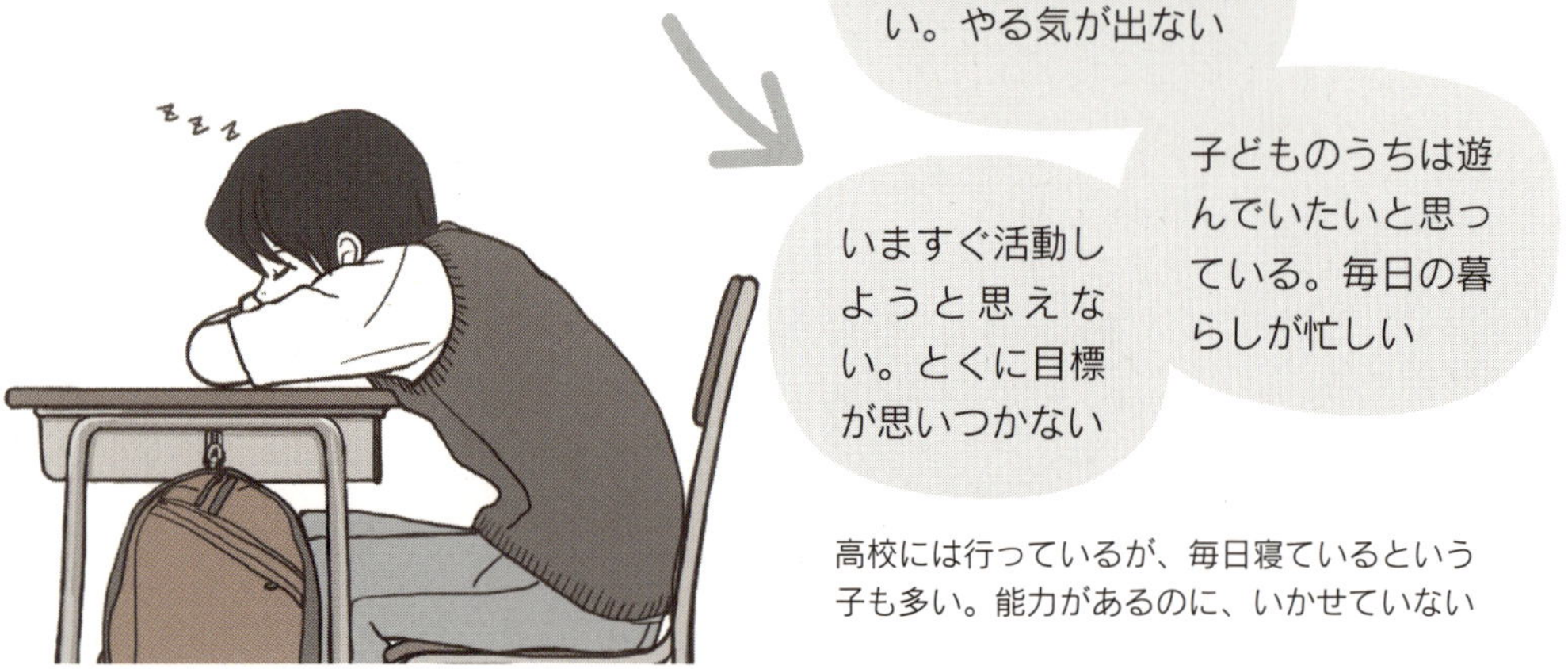
将来やりたいことがない。学校もつまらない。やる気が出ない
いますぐ活動しようと思えない。とくに目標が思いつかない
子どものうちは遊んでいたいと思っている。毎日の暮らしが忙しい

高校には行っているが、毎日寝ているという子も多い。能力があるのに、いかせていない

対応　できていることをほめる

目標設定や将来設計には、まず自己認知が必要です。自分の力を認知すると、その次の目標や、将来の姿がイメージできます。生徒が才能を自覚していない場合には、大人がその点をほめ、言語化するとよいでしょう。

部活動をしていて、先生からほめられる。
そのひと言が、生徒の将来につながっていく

自信がつけば目標も自ずとみえる

将来像が描けない生徒には、遠い未来の話よりも、いまの話をするほうがよいでしょう。いまの自分、ありのままの自分に自信をもつことが、成長の第一歩です。

生徒は、いまとりくんでいることを評価されると、それで自信をつけ、自然と次の目標を視野に入れはじめます。

発達障害がある生徒は、自己認知や目標設定が苦手な場合があります。周囲の大人が積極的に声をかけ、近い未来のことを具体的に説明してあげてください。

小・中学校との違い

自主性を尊重されている

子どもが高校生くらいになると、周囲の大人はあまり干渉しなくなってくる。本人の意思や自主性が尊重されるためだが、その対応が、発達障害の子には適さない場合がある。

大人から相談をもちかける

進路相談を、保護者や教師の側からもちかける。自己認知の機会をできるだけ多く提供する

本人の興味を持続させる

生徒が授業の内容や課外活動、家庭での出来事に興味をもったら、その活動を続けられるようサポートする

将来像を具体的に示す

いま興味をもっていることが、将来どんな大学や専門学校、仕事につながるか、具体的なことを聞かせる

高校になじめず欠席が続き、進級が難しくなる

小・中学校と高校の大きな違いのひとつが、進級の有無です。高校では、欠席が続くと進級が困難になります。発達障害の子は不登校になりやすく、注意が必要です。

高校生たちの声

私は高校を一時期、休んでいました。クラスメートに無視されたからです。悪いことをしていないのに、まじめなのがむかつくと言われました。その後、保健室の先生が間に入ってくれて、人間関係はそれなりに改善しました。

進級できないのは嫌なので、いまは登校しています。早くクラス替えの日がきてほしいです。

学校生活に、どうしても納得できないところがある

無理解にたえきれず不登校に

発達障害への理解が得られないまま、高校生活を続けていると、勉強や人間関係の悩みがつのり、登校しづらくなる場合があります。

特性

発達障害がある人は正義感が強く、学校の校則や人間関係にも、厳格なルールを求めがち。学校の環境がルーズな状態だと、登校を嫌がり、不登校になることがある。また、頑固なところをうとまれ、同級生との関係が悪化して登校できない場合も。

学校には理不尽なことが多いと考え、自ら登校を拒否。欠席が続く

高校に入ってから勉強や部活で失敗続き。登校しづらくなってきた

不登校状態に。保護者や教師の助言を聞いて登校することもあるが、無理解な状況では結局また不登校に

教員が「この生徒は前回も欠席だった」と気づき、支援担当者に相談すると、対応が早くなる

対応　全体の3分の1以上、休む前に対処する

多くの高校では、出席日数の3分の1以上欠席すると、進級が困難になります。その基準を超えてからでは対応が難しい場合もあるため、欠席が増えてきたら、できるだけ早く対処する必要があります。

欠席が多くなってきたら注意

本人は欠席を問題だと感じていない場合が多い。教師と保護者で早めに連絡をとりあう

放っておかずに相談する

欠席が重なってきたら、早めに本人に相談をもちかける。本人の不満に耳をかたむける

保健室登校などで対応する

登校を強制しない。場合によっては、まず保健室登校や校長室登校から提案するのもよい

小・中学校との違い

欠席が多くなると留年に

高校では、欠席日数が多くなると留年する。生徒本人が強い挫折感を抱き、その後では対応が手遅れになる場合も。欠席の問題はとくに迅速な対応が求められる。

留年すると、ますます登校しづらくなる

進級が困難になると、生徒はショックを受け、高校生活への意欲を急激に失います。後悔の念にとらわれ、将来に目が向かなくなる生徒もいます。

相談をくり返し、目標を設定しなおすと、立ち直ってはいきますが、そうならないように、留年を予防することが第一です。

教員からひと言

欠席が続くのも心配ですが、もうひとつ、特定の授業の欠課が続くことにも、注意しています。

発達障害があり、特定の教科を苦手としている生徒は、その教科の授業だけ休み、ほかは問題なく過ごしている場合があります。

私は、欠課が続くのは、生徒が困っていることを示すサインだと思っています。

運動で基礎体力をつけると、心に余裕ができる

高校生活には体力を使います。通学には中学時代と違って電車を使うこともあります。授業が増え、部活動も規模が拡大します。基礎体力がない生徒は、精神的に疲れがちです。

高校生たちの声

もともと体力には自信がなかったのですが、高校に入って、ますますそれを実感しました。体育の授業や行事のときに、まわりの人と同じことができません。

ただ、最近は体育の先生が丁寧に指導してくれるので、少しずつ運動に自信がついてきました。自分にも意外と体力があるのだと感じはじめています。

運動は怖い。昔から失敗ばかりで、トラウマになっている

体力には自信がない。マラソンなんて絶対無理

走っても苦しいだけ。運動はやりたくない。生きていくのに必要ない

運動の仕方がわかっていない

小・中学校時代に、体力にあわない運動を体験した生徒は、それ以来、運動そのものに恐怖感を抱き、適度な運動の仕方を身につけていない場合があります。

いつまで、どこまで走ればよいか理解できていない。だから運動が怖い

体を動かすのが苦手で、運動全般が不得手。いつもさけてきたから体力がついていない

特性

コミュニケーションや社会性の特性があるために、運動についての正しい理解ができていない。自分の体力も誤解している。そのほか、過去のつらい経験が尾を引いていて、拒絶反応を示す生徒も。

成功体験をすると、運動への意識が変わる

発達障害がある子は、自分の特性を努力でカバーしながら暮らしているため、まわりの子より疲れやすい傾向があります。また、体を動かすのが苦手な子も多く、体力的な悩みは尽きません。

しかしなかには、マラソンが苦手で、親からも運動を止められていた生徒が、指示の工夫によって走る喜びにめざめたケースもあります。基礎体力がつき、精神的な余裕もできたという、支援の成功例です。

対応　できる方法で運動させる

生徒本人が無理だと思っていることをやらせていたら、成長しないのも当然です。運動が苦手で基礎体力がない生徒には、いまできることをやってもらいましょう。

走る前に「グラウンド５周」だと指示して、走りながら残り周回を指で提示したら、怖がらずに走れた

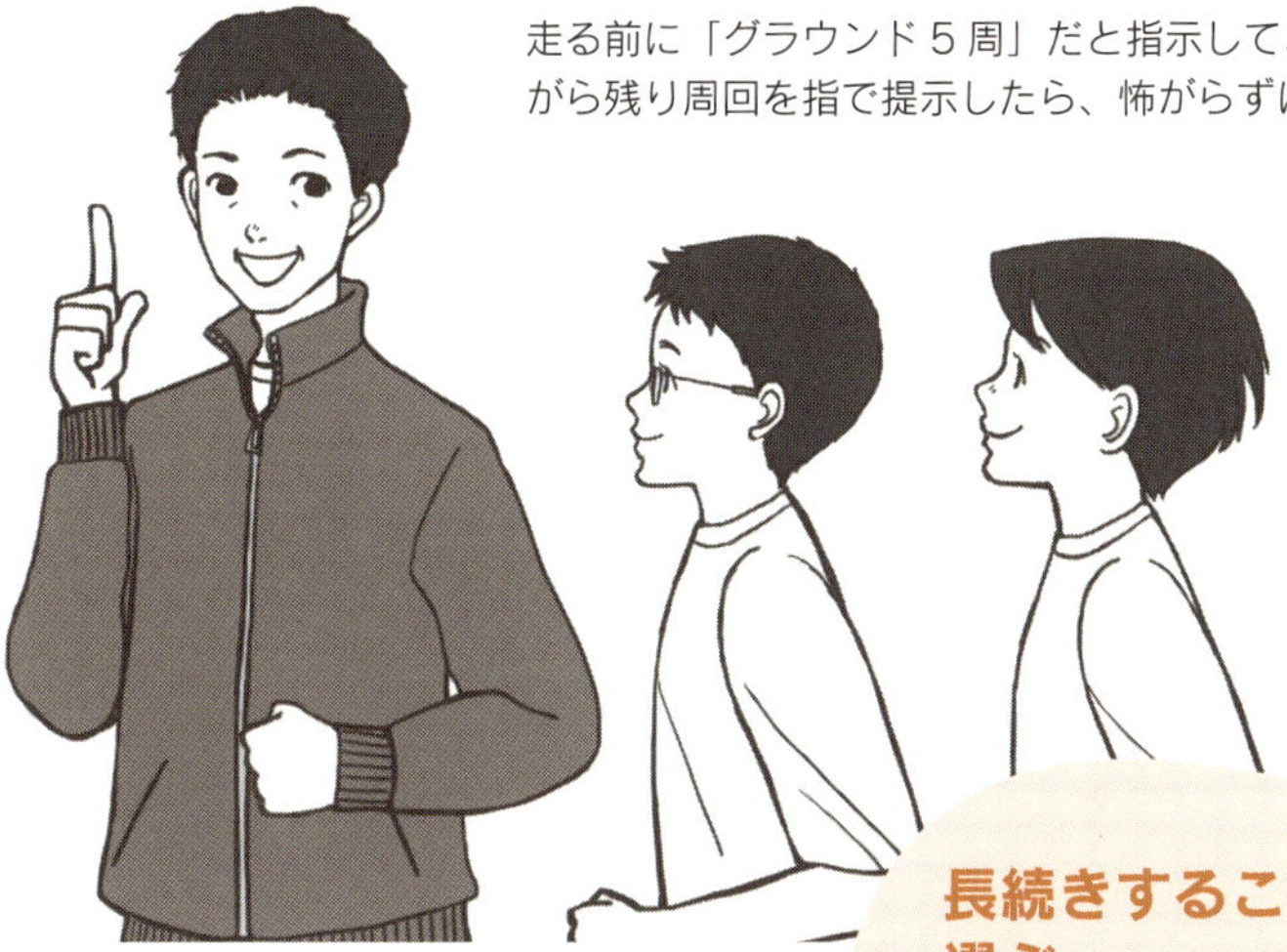

長続きすることを選ぶ

適度な目標でも拒絶反応があった場合には、その運動はあっていない。別の運動に替えて、長続きするものを探す

ルールを視覚的に提示

発達障害がある生徒は、複雑なルールや曖昧なゴールは苦手。事前に回数や決まりを目にみえる形で提示すると、安心してとりくめる

できることを目標に

生徒のふだんの様子をみて、体力をはかり、それにあった運動を設定する。年齢や体格で判断せず、本人の様子や希望にあわせる

できて当たり前の雰囲気

高校生になると、マラソンや球技などの基本は理解できていると思われがち。教師が指示をほとんど出さない場合もある。支援を求めたほうがよい。

小・中学校との違い

教師がいないところでいじめられ、苦しむ

発達障害がある子の多くが、いじめられた経験をもっています。彼らの特徴的な言動は周囲の生徒に誤解されやすく、誤解を放置するとトラブルにつながりがちです。

高校生たちの声

中学校時代にいじめられ、知り合いがいない高校に入学しました。ところが高校でも「自分勝手だ」などといじめられました。

先生に言えば友達を失う、親に言えば心配をかけると思って、誰にも言えずにいました。発達障害のことがわかり、スクールカウンセラーの先生が相談にのってくれて、やっと気が楽になりました。

場を乱す自分も悪いと思っている。クラスメートと仲良くやりたいのに……

先生はわかってくれない。先生に言ったらもっといじめられる

いまの学校には信じられる友達がひとりもいない。転校したい

特徴を誤解され、反発される

発達障害がある生徒は特徴的な言動をします。同級生がそれを特徴や個性として受け止めてくれればよいのですが、なかには「生意気だ」などと誤解する生徒もいます。

思ったことを素直に言う、マイペースに行動するなどの言動が目立つ。本人に悪気はない

特性

独特の言動の背景には社会性の特性、多動性や衝動性、動作のぎこちなさなどがある。いずれも脳機能のかたよりによる行動特性であり、わざとしていることではない。

独特の言動が多く、まわりにあわせて行動するのが苦手なため、どうしても目立つ。それに反発する子、からかおうとする子などがいる

誤解されやすいところをまわりがフォローする

いじめは、無理解な環境で起こります。教師や周囲の生徒が発達障害の生徒の特性を理解していれば、特徴的な言動をからかおうなどという気は起きません。実際、特性をもちながら、理解者に恵まれて元気に学校生活を送っている生徒はたくさんいます。

周囲の生徒が「あいつはああいうヤツだから」「いいところもあるんだ」などと言って、発達障害がある子のサポートをかって出ている高校もあります。

いかに正しい理解を求めていくかが、課題になるでしょう。

対応　大人全員で守る

できるだけ多くの大人が関わり、生徒を守りましょう。いじめている側も人を信じることができず、孤立している場合があります。大人全員で、生徒全員を守る意識が必要です。

家族も積極的に

本人は家族には事情を説明したがらない。家族は学校と連絡をとりあうとともに、本人には家庭が居場所になることを伝える

親や担任教師には話しにくいことが、スクールカウンセラーには話せる場合もある。相談相手は多いほどよい

医療の力も借りる

フラッシュバックが起きやすい場合は、医療機関で診療を受けたほうがよい。精神的な落ちこみにも対応してもらえる

学校内の連携

学校関係者は校内連携を深め、子どもが誰かひとりにでも相談してくれたら対応できるよう、態勢を整える

小・中学校との違い

経験が蓄積している

中学を卒業していじめっ子と離れても、心に傷が残っている。ふとしたきっかけでフラッシュバックが起きる。

からかいがいじめに発展することが多い。理不尽な扱いを受けたつらさが本人の心に残る

部活動は環境があえば、自信につながる

高校生活のなかで自己肯定感を育むためには、部活動もひとつのきっかけとして利用できます。集団行動が苦手な生徒も、趣味があう相手となら活動できることがあります。

高校生たちの声

昔から集団行動が苦手で、小・中学校時代はほとんど活動のないクラブに入っていました。
高校には、小・中学校にはなかった部活もあり、なかでも天文部は自分の趣味とぴったりでした。
天文部に入り、趣味があう友達がみつかりました。宇宙の話はいくらしても飽きません。高校生活の楽しみがひとつできました。

周囲にすすめられた運動部より、天文部に入って正解！

環境との相性がもっとも大事

部活動にとりくむとき、もっとも気をつけたいのは環境面です。本人の好みや、活動環境、部員の人数などを確認して、無理なく活動できそうな部を選ぶとよいでしょう。

知識が豊富で、意欲も旺盛。環境があえば、クラブのリーダーとして活躍することもある

○

特性

広汎性発達障害の子は知識があり、こだわりも強い。AD/HDの子は行動力があり周囲に流されない。特定の分野には天才的なひらめきを発揮する。

×

全員で同じことをするタイプのクラブでは、マイペースが目立って嫌がられる場合も

知識はあるのに人間関係でつまずき、自己評価を下げてしまう。知識にも自信がなくなる

特性がよい結果につながるか、トラブルにつながるか、それは環境しだい

環境とのマッチングをまず見極める

部活動は、基本的には本人の希望や興味を尊重するのがよいのですが、それと同時に、環境面のマッチングもよくみましょう。

本人が興味をもっていて、そのうえとりくみやすく、周囲にサポートを求めやすい部活を選ぶのが、ベストです。

ルールの理解を苦手とする子が球技の部活動を望む場合など、マッチングしないときには、ルール説明などに支援を求め、適応しやすい環境づくりをしましょう。

対応　ときには助言も必要

発達障害がある生徒は基本的に、集団活動が苦手です。集団でのふるまい方がなかなかわからない子もいるので、教師やほかの生徒が、機をみてアドバイスしてください。

決断力があることをいかしてバスケットボールに挑戦。体のこまかな動作は友達に教えてもらう

教員どうしで相談

部活動中の生徒の様子をみて、気づいたことを話し合う。担任と部活動の顧問が情報交換するとよい

教員とほかの生徒で相談

発達障害がある子に指導するときのポイントを、同じ部の先輩に伝えておく。診断名を伝えず、ポイントだけ言えばよい

本人と相談する

活動をはじめてみて、うまくいかない場合には、大人のほうから、ほかの部もあるという話をする。ほかの選択肢も提示する

本人に助言する

ほかの部員に嫌われる言葉づかいなど、部活動する際の注意点をあらかじめ助言する

小・中学校との違い

昔からの仲良しがいない

小・中学校には幼いころからの友達がいて、発達障害の子が困っているとたすけてくれるという場合も多い。高校ではほとんどの生徒と初対面になり、自ら支援を求めないと、なかなかサポートしてもらえない。

悪友と付き合い、自己肯定感を満たす生徒も

発達障害の子は叱責されつづけて自尊感情を失い、苦しむことが多いのですが、それを悪友との付き合いや非行のなかで回復させてしまうことがあります。

高校生たちの声

　高校に入った当初は勉強も部活もがんばっていましたが、だんだん周囲についていけなくなり、高校二年生の夏には、やる気がなくなってしまいました。
　学校にはあまり行かず、友達と遊び歩くようになりました。居心地がよくて、万引きなどは悪いことだとわかっていながら、やめられませんでした。

自分を認めてくれるのがうれしくて、グループを抜けられなかった

罪悪感は薄かった。ばれたらあやまればよいと思っていた

仲間だと思っていたから、彼らが万引きしても黙っていた

居場所を求めている場合も

　非行にはさまざまな背景が考えられますが、発達障害がある子の場合、自己肯定感がいちじるしく弱くなっていて、肯定感を満たすために非行に及んでいることがあります。

特性

　失敗が続き、二次障害として自己評価の低下が起きている。また、社会性の特性や衝動性があって、非行の問題点を深く理解できないまま行動している場合もある。

不良グループがありのままの自分を受け入れてくれるため、付き合ってしまう

悲痛な思いを抱え、非行に及んでいる

悪友と付き合い、問題を起こした生徒に話を聞くと、「やっとみつけた居場所だから、守りたかった」と答えることがあります。非行だとわかっていても、やめられない場合もあるのです。

また、コミュニケーションが苦手なところにつけこまれ、周囲に利用される生徒もいます。自分がなにをしているか、本当の意味では気づいていない、犠牲者です。

発達障害がある生徒が非行に及んでいた場合には、丁寧に話を聞きとり、生活を立て直さなければいけません。

対応 状況理解をサポートする

軽犯罪に関わる付き合いに巻きこまれ、状況を理解できていない生徒には、説明が必要です。犯罪についての明確な説明と、肯定感をもてるような支援を同時におこないます。

「悪いことをしてしまったんだ」と理解して、泣きだす生徒もいる

まずは本人の話を聞く

なぜ非行に及んだのか、本人なりの考えを聞く。まずはなにも否定せず、聞き役に徹する

犯罪について説明する

どんな理由があっても犯罪は犯罪だと説明する。罪をおかすとどうなるか、話す

梅永雄二先生からひと言

一時期、援助交際をする高校生が話題になりましたが、そのなかにも、自己肯定感を低下させた発達障害の生徒がいました。

学校の勉強ができない、友達もいないと悩み、居場所を求めるうちに、援助交際にたどりついたのです。交際相手の男性がほめてくれて、嬉しかったと言います。

それだけ強く、居場所を求めているのです。その気持ちが誤った方向を向かないよう、私たち大人がサポートするべきでしょう。

小・中学校との違い

とり返しがつかなくなってくる

学童期の非行は保護者が謝罪し、弁償すれば話がおさまるが、高校生になると、暴力や窃盗、援助交際など、とり返しのつかない問題になりがち。

本人の気持ち

「ふつうの交際」への強いあこがれがある

人間関係で失敗を重ねてきた生徒は、友達と「ふつう」に付き合いたい、そうすれば自分も「ふつう」になれると思っている場合があります。

本人の気持ち

「ふつう」になりたい

友達をたくさんつくり、異性と付き合えば「ふつう」の生徒になれる気がしている。人がしていることを自分もしたい

恋人がほしいと思うあまり、友達の彼女に「そいつと別れたら、おれと付き合ってよ」と言ってしまう

相反する気持ちを抱えて悩んでいる

自分は「ふつう」じゃない

発達障害がある自分は「ふつう」の人とは違うと感じて、思い悩む。人と違うところに意識が向いてしまう

背景

発達障害特性への自己理解

　特性への理解を深める過程で、自分がほかの生徒と違うことを実感する。「ふつう」ではないことを気にしてしまう生徒もいる。

理解のギャップを埋める

「ふつう」にあこがれ、誤った行動をとるのは、「ふつう」がわかっていないから。正しく理解できれば、問題は減っていきます。

「ふつう」を理解する

友達や好きな異性との「ふつう」の付き合い方を具体的に理解する。ルールとして覚えるとよい

自分のことを理解する

自分の特性が人間関係にどのように影響するか、理解する。トラブルにつながりやすい点には対策をとる

家族ができること

本人と周囲の溝を埋める

本人の思いが周囲の常識とずれていかないように、本人に人間関係のことを説明する。本を使うのもよい。

学校ができること

特別に目立つ対応をしない

「ふつう」を意識している生徒には、目立つ対応はしない。人間関係への助言も、通常の相談のなかでおこなう。

POINT 診断名より現実が大切

なにごとも発達障害の診断名で説明していたら、本人はますます「ふつう」を意識してしまう。それよりも、目の前の現実的な問題について、話し合う。

保護者からひと言

うちの子は一生懸命、まわりの子にあわせようとして苦労していましたが、それはひょっとすると、私のせいかもしれません。

私は、子どもに発達障害があるとわかってからも、「ふつう」に育てたいと意識していました。自分で発達障害と「ふつう」の間に線を引いていたんです。そういう気持ちが、知らず知らずに、子どもに伝わったんでしょうね。

いまは、わが子のありのままの生き方を尊重し、また、いわゆる「ふつう」の生き方がどういうものかも、子どもに伝えています。

難しいアルバイトはさけ、できる仕事をする

高校生になると、放課後にアルバイトをできるようになりますが、その際、生徒本人の特性にあわない、難しい職種は選ばないように注意しましょう。

高校生たちの声

友達がみんなアルバイトをはじめたので、ぼくもコンビニで働いてみました。コンビニは働きやすいと聞いていたのですが、ぼくはミスが多くて、すぐにクビにされました。むかつきました!

ぼくは、無理難題をおしつけてくるお客さんに、うまく対応できなかったんです。悪いのはお客さんだといまも思っています。

アルバイトなんて簡単だと思っていたのに……

仕事によっては肯定感がもてない

発達障害がある生徒には、極端に苦手なことがあります。その分野の仕事では、肯定感が得られないばかりか、精神的に傷ついてしまうことも考えられます。

特性

コミュニケーションが苦手な人、不注意の特性がある人は、とくに注意。接客関係の仕事、レジ打ちなど正確性を求められる仕事はあわないことがある。

接客など、与えられた仕事がこなせない。教えてもらってもうまくできない

場にあった言動ができなくて叱られる。髪型や服装が仕事の内容にあわない

「簡単なアルバイトもできない」と感じて落ちこむ。働くことが怖くなる

なぜ教わったとおりにできないのか理解できず、困惑する。自分を責める

小・中学校との違い

ほかの子に遅れたくない

まわりの生徒がアルバイトや男女交際をするようになると、自分も遅れたくないという気持ちが出てくる。それであせってしまうことがある。

対応　ニーズに応じて支援する

柔軟な接客対応が苦手な生徒には、マニュアルを教えるか、別の仕事を紹介するなど、支援をしましょう。本人が成功体験を積むために必要なことを、支援するのです。支援がなくても働けている生徒は、見守るだけで大丈夫です。

本人がアルバイト募集に興味をもったとき、適性をアドバイスできるようにしたい

問題なし

自分で選んだ仕事を大きなミスなく続けているなら問題ない。ときどき様子を聞く

働き方をアドバイスする

本人がミスをして悩んでいる場合は、特性にあった対応法をアドバイスする

仕事の選び方を手伝う

ミスが続いていたら、別の仕事をすすめる。適性がありそうな職種を助言する

面接や仕事の練習を手伝う

採用されない、クビになりやすいという場合は、基本的なことを練習する

融通のきく職場を紹介

働くこと自体が怖くなっていたら、知人を紹介するなどして、働きやすい環境を提供する

働くことが嫌にならないように

アルバイトでは、やりがいを感じることや、お金をかせぐことも大切ですが、それ以上に大切なのが、大失敗しないことです。仕事を通じて、自己肯定感を育むことを最優先してください。

発達障害がある生徒は、学校生活のなかで自己肯定感をもてない場合があります。アルバイト先で自信をつけると、それが勉強や将来設計にもよい影響を与えます。

Column

移行支援シートは学校以外でもつくっている

保護者が情報を管理するのもよい

中学や高校、大学の間で、教員どうしが連携をとり、生徒の支援に関する情報を書類にして引き継いでいくことは、まだあまりおこなわれていません。

各学校に同じ情報を知ってほしいという場合には、保護者がシートを管理して、情報提供する方法のほうが有効です。

自治体や教育機関、福祉機関が支援の情報をまとめるノートやファイルを作成して、ホームページなどで公開しています。それらを活用して、各学校に情報を把握してもらうのもよいアイデアです。

「東京都　手をつなぐ親の会」の東京生活支援ノート。ホームページ（http://www.ikuseikai-tky.or.jp/oya/news/note/note.html）からダウンロードできる

相談支援ファイル

主に福祉関係の団体がつくっている支援シート。利用している医療機関や相談機関、療育機関などを書き入れる。相談先や学校などにみせ、情報を共有してもらう。生涯を通じて使える

サポートブック

主に教育関係の団体がつくっている支援シート。サポートファイルなどの名称になっているものもある。生育歴と学校での様子を中心にまとめる。教育機関でどのような支援を受けてきたか、具体的にわかる

5 進学するか、社会で働くか

高校卒業後の進路は、大きく２つに分かれます。
ひとつは大学や専門学校への進学。
もうひとつは、就労です。
どちらを選ぶにしても、高校に入学するときから、
相談や準備をはじめましょう。本人の意思を確かめながら、
時間をかけて、じっくり考えてください。

大学、専門学校、就労などが選択肢に

高校卒業後の進路は大きく二つに分かれます。在学中から進む方向をある程度定め、そこに向けて準備をはじめましょう。

卒業後の主な進路は２つ

いま、四年制大学や短大、専門学校などでも、発達障害支援がおこなわれはじめています。また、職場でも配慮を得られる場合があります。進学か就職か、どちらが本人にあうか、よく調べて進路を選びましょう。

POINT 大学での特別支援教育

大学は高校に比べてカリキュラムが柔軟なため、高校より勉強面の支援が受けやすいといわれている。実際に、支援をおこなう大学が増えつつある。生活面は高校より自由度が上がるため、よりきめこまかな支援が必要となる。

大学

四年制大学と短大。入試への配慮はまだほとんど実施されていないが、入学後の支援はおこなわれている。勉強面が不安な生徒も、あきらめずに選択肢に入れられる。

専門学校

得意分野が早い段階で明確になった生徒は、専門学校を選び、職業スキルを学んでいる。発達障害がある生徒は福祉系、情報系に進むケースが多い。

就労

高校卒業後、就労する生徒もいる。特別支援学校の高等部を出た生徒も就労している。手帳を取得して就労することも検討しながら、就職先を探す。

そのほか、高校の環境になじめず、中退して高卒認定試験を受け、大学受験をめざす生徒もいる。また、知的障害がある生徒は、福祉施設への入所・通所を選択することがある。

大学でも支援はおこなわれている

二〇〇七年から、小・中学校を中心に特別支援教育が実施されはじめました。その後、現在では高校や大学、専門学校にも支援のしくみが広がりつつあります。

希望する大学や専門学校には早めに見学や相談に行き、支援の状況を尋ねましょう。支援態勢は学校によってかなり異なります。豊かな生活を送れる環境はどこにあるか、自分たちで確かめ、進路を選択しましょう。

就労を希望する場合も、環境面の確認は欠かせません。

進路をみすえて3年間すごす

卒業後の進路については、高校に入学する前後から考えはじめましょう。その時期から進路を意識すると、授業やアルバイトの選択、日々の生活での注意点などが、大きく変わってきます。

入学

本人の希望を聞く

進路選択の中心は本人の希望。まずは本人の話を聞く。主体的に選べない生徒には、選択肢を示す

マッチングをみる

学校や職場のイメージがどんなによくても、本人と相性が悪ければ、よい進路とはいえない。環境とのマッチングをみる

卒業

カフェでアルバイトをして、仕事の適性をみる。接客業があう場合も

手帳をとり、支援を得ながら就労する人も

近年、発達障害がある人が手帳を取得して、就労するケースが増えています。特性を理解してもらったうえで就労するため、職場に定着しやすいのです。

2種類の就労がある

発達障害がある生徒は、就職活動をして一般就労する道のほかに、手帳を取得して就労することも選択できます。手帳をとったほうが、理解も支援も受けやすくなります。

特別支援学校では、在学中から就労に向けて学ぶ生徒もいる

特別支援学校の高等部

支援を受けて就労

手帳を取得して、職場に診断名を通知したうえで就職。「障害者雇用枠」を利用する。就職時にジョブコーチによる支援を依頼することができる。

一般校を卒業し、手帳をとって就労する生徒もいる。進路相談を通じて自分で選択する

全日制、通信制などの一般校

一般就労

診断名をとくに伝達せず、一般的な就職活動をおこなう。支援は受けにくいが、適性のある仕事を選べば、十分に就職できる。

POINT 手帳をとると支援が受けられる

手帳をとると、障害者雇用枠を利用して就職することができる。ただし、発達障害の手帳はなく、下記の2種類のどちらかを取得することになる。どちらも年齢に関係なく取得できる。

- 療育手帳……知的障害がある人のための手帳。地域によっては発達障害の診断でも取得できる
- 精神障害者保健福祉手帳……精神疾患がある人のための手帳。発達障害がある人や、二次障害としてうつ病などを発症した人が取得できる

長く働き方を選びたい

発達障害の診断が出ていて、本人や家族が一般就労に不安をかかえている場合には、手帳の取得が選択肢のひとつとなります。

とくに高校までの生活で支援を受け、安定した生活をしてきた生徒は、一般就労をすると急に支援がなくなり、能力を発揮できない場合があります。

せっかく就職しても、環境があわず、長く働けないのでは意味がありません。職場定着のために必要なことを見越して、就労の仕方を選択しましょう。

能力を発揮するために

手帳を使っての就労は「障害者就労」などとも記載されるため、学生や保護者は抵抗を感じるものです。しかし、理解者·支援者を得て、本来の能力を発揮するためには、非常に役立つ制度です。

大企業の子会社でパソコンでの入力作業、書類作成などをまかされている人もいる

特例子会社などへ

発達障害に理解のある企業や、支援態勢がととのっている「特例子会社」などへ。支援を受けながら働く。賃金や労働時間などは事前に確認を。

一般企業などへ

一般企業に就職する人のほかに、資格をとったり、公務員試験を受けたりして、仕事につく人もいる。

本人の気持ち

働ける喜びがある

学生時代に自己肯定感がもてず、悩んでいた生徒の場合、働けること、人に必要とされることがもっとも大切で、形式にはこだわらないことが多い

大人が選択肢をみせ、生徒の決断を援助する

発達障害がある生徒は、自分で先々の見通しを立て、決断することが苦手な場合があります。進路選択ができていない生徒には、援助が必要です。

本人任せにはしないほうがよい

本人の意思を尊重するのは大切ですが、本人任せにすると、進路選択が遅れ、受験勉強の準備などが後手にまわる場合があります。

発達障害がある生徒は、周囲の生徒の様子を読みとり、同じように行動するのが苦手です。ほかの生徒が進路を考え、準備をはじめていても、自分もそうしようと思えないことがあるのです。

「もう高校生だから、任せておいて大丈夫だろう」などと考えないようにしましょう。本人が困っているならば支援するという原則に立ち戻って、進路相談を積極的にもちかけてください。

本人は決断に迷う場合も

発達障害の生徒、とくに広汎性発達障害がある生徒は、自由な状況では選択を迷いがちです。大人がある程度、選択肢をしぼって説明したほうがよいでしょう。

自由だと混乱する

順序立てて考えるのが苦手な生徒は、自由選択をする状況で混乱しやすい。なにから手をつければよいか、わからない

進路について考えるのが遅く、友達に驚かれてしまう

理解がずれている

進路についての理解が間違っている。先生の話や大学の資料の一部を信じて、準備が遅れることがある

選択肢が把握できない

こだわりが強くて考えを切りかえられない、選択肢を把握する前に早期判断してしまうなどの傾向もある

たすけ舟を出したほうがよい

進路相談に意欲がもてない生徒、相談がうまく進まない生徒に対しては、本人の自覚を待たず、保護者や教師から積極的に働きかけましょう。

家族から

高校側との進路相談、大学見学を本人が必要と思っていない場合もある。保護者から本人に提案して、見学や相談の日程を決める。進路選択のスケジュールや手順を目にみえる形で示すのもよい。

学校から

入学後からできるだけ丁寧に進路相談を実施する。本人だけでなく、保護者とも連絡をとりあう。ほかの生徒が暗黙の了解としてわかっていることも、具体的に指示しないと伝わらないことを意識する。

本人

医師から

診断名や特性については、医師から説明してもらう。また、場合によっては手帳の話も医師と相談する必要がある。保護者と学校、医師の間で連携をとり、特性についての正確な情報を伝え合う。

支援者から

発達障害者支援センターや教育相談センター、支援団体などの支援者にも協力してもらう。保護者から連絡をとり、近隣地域の進路の情報を求める。団体の支援者から本人に説明してもらうのもよい。

POINT 医師が入ることで情報が確かに

進路選択の機会に発達障害特性を進学先や就職先に明らかにする場合には、見込みで話すのはさけ、必ず医師の診断を参照する。先方に出向いて説明してくれる医師もいる。

ほかの支援者から

支援者などから紹介を受け、障害者職業センターや若者サポートステーション、ハローワーク、企業などと連携する場合もある。就労をめざす場合には外部機関の協力が欠かせない。

職場体験や実習で、仕事とのマッチングをはかる

卒業後の就労をめざしている人は、高校在学中から働く経験をつみ、自分にあった仕事を具体的・実践的に探しましょう。

就職してから失敗する人が多い

経験をつまずに就職すると、発達障害特性とその仕事があわず、職場に定着できないことがあります。就職はできても、その後失敗する人が多いことを知っておいてください。

洋服を売る店員になりたい、なれると思いこんでいる

特定の職業へのあこがれが強い。希望職種以外に向けた準備はせず、就職活動もしない

自分にあう仕事を誤解している。少ない情報をもとに、適職はこれだと思いこんでいる

↓

適性よりもあこがれや思いこみを優先して仕事を選び、働きはじめてからあわないと気づく

↓

失敗が続き、仕事へのあこがれを失って、退職する。ストレスや心の傷が残る

POINT　心の傷はなかなか消えない

いじめの記憶がなくならないのと同じで、仕事の失敗体験も心に残りやすい。発達障害がある生徒は、特定の出来事を強く記憶することがあるため、試しに働き、失敗したら仕事を替えるという方法は適さない。

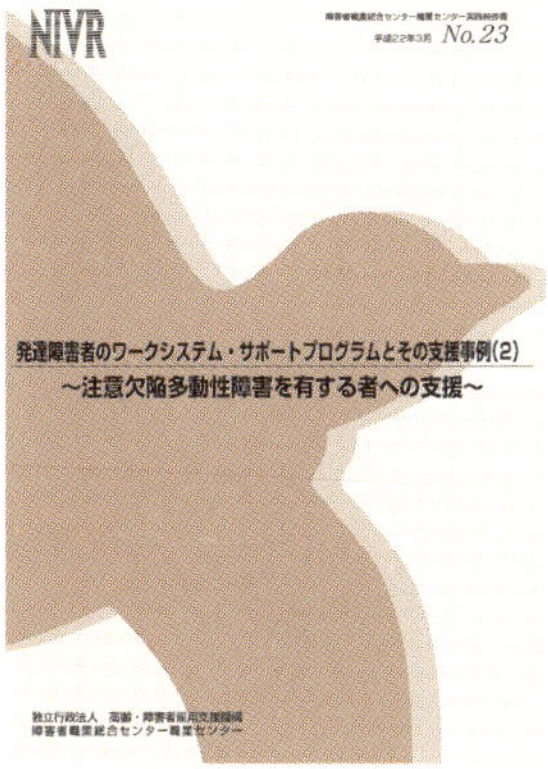

障害者職業総合センターの実施している就労支援プログラムの報告書。ホームページに掲載中

前もって体験しておくとよい

就職する前に、希望する職場や職種について、実地体験をしましょう。本人も支援者も適性のある仕事だと思っていても、実際にやってみると、あわないことがあります。

専門機関で実習

障害者職業センターなどの就労支援機関では、支援プログラムの一環で実習をおこなうことが多い。就労支援の専門家の指導のもとで、仕事を体験・練習できる。

アルバイトで体験

接客や事務作業、体力を使う作業などを、アルバイトで体験する。本人と家族、支援者でその結果を話し合い、適性を判断する。

学校で実習

職業学科のある学校では、授業で職場体験や実習をおこなうことが多い。そのなかで適性のある作業を探す。

失敗しても大きな問題にならない環境で経験をつむ。就職したときに定着しやすくなる

実習のなかで、ある程度の成功と失敗を体験でき、仕事に慣れる。打たれ強くなる

職につく前にマッチングをはかる

発達障害の人にとって、環境とのマッチングは、生活を安定させるために非常に重要なポイントです。就労する場合も、進学する場合も、それは同じです。

大切なのは大学や専門学校、職場に入る前にマッチングをはかることです。入ってみて、環境があわなかったから、マッチングするように変えようとしても、簡単にはできません。転職・転校するのも、学校の制度を変えるのも、時間や手間がかかります。

あとで苦労しないように、事前にできるだけマッチングをはかり、理解者のいる環境を選んでほしいのです。

企業情報は、就労支援機関などに集まっている

自分にあった職場を探すのは、簡単ではありません。本人や家族、学校だけで探すのではなく、就労支援の専門機関を頼ることも必要です。

地域の就労支援機関を使う

全国に、さまざまな就労支援機関が設置されています。一般的な企業情報を管理しているハローワークのほかに、発達障害の人への就労支援をおこなっている機関もあるので、ぜひ活用しましょう。

障害者職業センター

就労支援機関。発達障害などの障害に対して、専門知識をもつ職員がいる。就職相談や実習、就職試験の練習などができる。各都道府県にある。

障害者職業能力開発機関

就職活動をする前に、仕事に必要な基本スキルを身につけるための機関。実習を受けられる。企業情報の提供などはあまりおこなわない。全国各地にある。

障害者就業・生活支援センター

就労と生活を支援する機関。各都道府県に複数ある。企業情報の量は機関による。

若者サポートステーション

就労について悩んでいる若者のための支援機関。発達障害専門ではない。コミュニケーションの悩みなどについて、相談や支援が受けられる。

ハローワーク

一般の就労支援機関。企業情報がもっとも多く集まっている。一部地域ではコミュニケーション面への相談や支援を実施。全国各地にある。

地域資源を使って道を広げる

自分たちの力だけで将来を切り開こうとせず、地域資源を使って周囲に協力を求めましょう。

国や自治体がさまざまな就労支援機関を設置して、支援にとりくんでいます。無料相談をおこなっているところもあり、また、診断名に関係なく支援してくれる機関も数多く存在します。

就労希望の人は、高校との相談と並行して、就労支援機関も利用するとよいでしょう。

就労関連情報を共有する

支援してくれる人たちには、就労に関する情報を共有してもらってください。支援者は、生徒がどのようなプログラムを受け、どのような企業を希望しているかがわかれば、支援しやすくなります。

本人

家族

支援機関の情報はインターネットで簡単に手に入る。教師が生徒に「こういうところがある」と紹介するだけでも、道は広がる

支援機関とのやりとりを、家族と学校で共有する

本人や家族、学校は支援機関に、本人の特性や希望職種、適性がありそうな職種などを伝える

支援機関は、情報を把握して、それにあった企業情報や体験プログラムを提示してくれる

学校の担当者

高校には多くの場合、進路相談の担当者がいるが、高校では実習プログラムができないところもある。支援機関を紹介するとよい。

梅永雄二先生からひと言

発達障害がある人は、就職するためのスキルのなかで、自分に足りないものはなにか、自覚できていない場合があります。

職業センターやサポートステーションに通うことで、カウンセラーや相談員から具体的な助言を受け、はじめて気づくのです。

自分を客観的に理解するためにも、支援機関は活用できます。

POINT 本人はわからない

本人が自分の力で企業を探すのは難しい。「行きたい会社はないの？」と聞くだけではよい支援にならない。関連機関と連携して選択肢を示す。

Column

移行支援に用いられる評価法「Tタップ」

アメリカで生まれた評価法

Tタップは、アメリカ・ノースカロライナ州で自閉症支援にとりくむ専門家たちがつくった、特性評価法のひとつです。

自閉症の人の特性をよりくわしく調べ、環境調整のための参考材料として使います。学校を卒業して就職する年代の人の能力を把握するために使われています。先ごろ日本語版も刊行され、日本でも実用化されるようになりました。

自閉症支援に役立てられている

Tタップは主に、知的障害をともなう自閉症者の支援に用いられています。軽度の知的障害がある人にとっては、特性を明確にするための手段として役立ちます。

知的障害がない高機能自閉症の人は、Tタップだけでは特性がわからないため、ほかの検査も併用したほうがよいでしょう。

特別支援学校の高等部に在籍していて、就労をめざしている学生にとっては、非常に有益なツールです。学校や医療機関に相談して、ぜひ利用してください。

TTAP（Tタップ）

TEACCH* Transition Assessment Profile。TEACCH移行アセスメントプロフィール。自閉症療育の視点で子どもの状態を評価（アセスメント）する方法。学校や施設から職場への移行時に使われる。

* Treatment and Education of Autistic and related Communication handicapped CHildren。自閉症および関連領域のコミュニケーションに障害のある子どもの治療と教育。

佐々木正美（ささき・まさみ）

1935年、群馬県生まれ。川崎医療福祉大学特任教授、ノースカロライナ大学医学部精神科非常勤教授。新潟大学医学部を卒業後、ブリティッシュ・コロンビア大学、小児療育相談センターなどをへて、現職。専門は児童青年精神医学。監修書に『健康ライブラリーイラスト版 アスペルガー症候群のすべてがわかる本』（講談社）など。

梅永雄二（うめなが・ゆうじ）

1955年、福岡県生まれ。早稲田大学教育・総合科学学術院教授、教育学博士、臨床心理士。慶応大学文学部を卒業後、筑波大学、障害者職業総合センター、ノースカロライナ大学医学部TEACCH部留学、宇都宮大学などをへて、現職。専門は発達障害者の就労支援。編著書に『青年期自閉症へのサポート』（岩崎学術出版社）など。

こころライブラリー　イラスト版
高校生の発達障害

2010年8月30日　第1刷発行
2018年2月23日　第6刷発行

監修	佐々木正美（ささき・まさみ） 梅永雄二（うめなが・ゆうじ）
発行者	鈴木　哲
発行所	株式会社　講談社 東京都文京区音羽2丁目12-21 郵便番号　112-8001 電話番号　編集　03-5395-3560 　　　　　販売　03-5395-4415 　　　　　業務　03-5395-3615
印刷所	凸版印刷株式会社
製本所	株式会社若林製本工場

N.D.C.493　98p　21cm

©Masami Sasaki,Yuji Umenaga 2010, Printed in Japan

定価はカバーに表示してあります。

落丁本・乱丁本は購入書店名を明記のうえ、小社業務宛にお送りください。送料小社負担にてお取り替えいたします。なお、この本についてのお問い合わせは、第一事業局企画部からだとこころ編集チーム宛にお願いいたします。本書のコピー、スキャン、デジタル化等の無断複製は著作権法上での例外を除き禁じられています。本書を代行業者等の第三者に依頼してスキャンやデジタル化することはたとえ個人や家庭内の利用でも著作権法違反です。本書からの複写を希望される場合は、日本複製権センター（☎03-3401-2382）にご連絡ください。R＜日本複製権センター委託出版物＞

ISBN978-4-06-278964-6

● **編集協力**
オフィス201

● **カバーデザイン**
小林はるひ
（スプリング・スプリング）

● **カバーイラスト**
山本正明

● **本文デザイン**
南雲デザイン

● **本文イラスト**
イナアキコ

■ **取材協力・資料提供**

大石幸二（立教大学現代心理学部教授）
大阪府立佐野工科高等学校
滋賀県立日野高等学校
障害者職業総合センター
東京学芸大学附属高等学校
星槎国際高等学校・立川学習センター
日々輝学園高等学校・神奈川校
松野良彦（大阪府教育委員会）

■ **参考文献**

太田正己／小谷裕実編著
『大学・高校のLD・AD/HD・高機能自閉症の支援のためのヒント集』（黎明書房）

特別支援教育の推進に関する調査研究協力者会議
高等学校ワーキング・グループ
『高等学校における特別支援教育の推進について　高等学校ワーキング・グループ報告』（文部科学省）

鳥居深雪編著
『思春期から自立期の特別支援教育──「人間理解」のためのヒント集──』（明治図書出版）

橋本和明編著
『発達障害と思春期・青年期　生きにくさへの理解と支援』（明石書店）

文部科学省初等中等教育局特別支援教育課
『高等学校における発達障害支援モデル事業報告』（文部科学省）

講談社　健康ライブラリー　イラスト版

アスペルガー症候群・高機能自閉症のすべてがわかる本

児童精神科医
佐々木正美　監修

自閉症の一群でありながら、話し言葉は達者なのが、アスペルガー症候群。自閉症と異なる支援が必要です。

定価　1200円(税別)

家庭編　アスペルガー症候群・高機能自閉症の子どもを育てる本

児童精神科医
佐々木正美　監修

いますぐ家庭でできる支援のアイデアが満載の一冊。家事や生活習慣、マナーなどを優しく教えられます。

定価　1200円(税別)

アスペルガー症候群・高機能自閉症の子どもを育てる本　学校編

児童精神科医
佐々木正美　監修

友達付き合いや勉強、当番、部活動など学校生活での問題をとりあげた一冊。支援のポイントがわかります。

定価　1200円(税別)

AD/HD(注意欠陥/多動性障害)のすべてがわかる本

日本発達障害ネットワーク理事長
市川宏伸　監修

落ち着きのない子どもは、心の病気にかかっている？多動の原因と対応策を解説。子どもの悩みがわかる本。

定価　1200円(税別)

講談社　こころライブラリー　イラスト版

大学生の発達障害

児童精神科医
佐々木正美　監修
早稲田大学教育・総合科学学術院教授
梅永雄二　監修

履修登録、ゼミでの意見交換、サークル活動など、大学生活で課題になりがちなことへのアドバイス満載！

定価　1300円(税別)

思春期のアスペルガー症候群

児童精神科医
佐々木正美　監修

仲間意識、恋愛感情、家族への反発心など、思春期に特有のこころの変化を扱った一冊です。

定価　1300円(税別)

大人のAD/HD【注意欠如・多動(性)障害】

こころとそだちのクリニックむすびめ院長
田中康雄　監修

大人のAD/HDは、誰に相談すればよいのか。治療法はあるのか。その疑問に答える一冊です。

定価　1300円(税別)

大人のアスペルガー症候群

児童精神科医
佐々木正美　監修
早稲田大学教育・総合科学学術院教授
梅永雄二　監修

アスペルガー症候群の人が成人期に抱えやすい悩みと、その背景を解説します。職場に定着できないわけとは――。

定価　1300円(税別)